Morgenland Brandenburg

Uwe Rada

Morgenland Brandenburg

Zukunft zwischen Spree und Oder

Mit Fotografien von Inka Schwand

BeBra Verlag

Für Manfred und Angela

MIX
Papier aus verantwortungsvollen Quellen
FSC® C014138
www.fsc.org

Die Fotos auf S. 118 o., 182 o., 183 u., 185 u., 187 u. stammen von Uwe Rada
Umschlagfoto: © picture alliance / Andreas Franke

Gedicht auf S. 7: »Die Mark. Mich rühren die sandigen Wege …« von Eva Strittmatter, aus: Eva Strittmatter, Erwin Strittmatter. Landschaft aus Wasser, Wacholder und Stein. Ein Jahreszeitenbuch. Berlin, Aufbau 2005.
© Aufbau Verlage GmbH & Co. KG, Berlin 2005, 2008

Bibliografische Information der Deutschen Nationalbibliothek
Die Deutsche Nationalbibliothek verzeichnet diese Publikation in der Deutschen Nationalbibliografie; detaillierte bibliografische Daten sind im Internet über http://dnb.d-nb.de abrufbar.

Asternplatz 3, 12203 Berlin
post@bebraverlag.de
Lektorat: Ingrid Kirschey-Feix, Berlin
Umschlag und Satz: typegerecht berlin
Schrift: Cambria 10,5/15 pt
Druck und Bindung: Finidr, Česky Těšín
ISBN 978-3-89809-223-4

www.bebraverlag.de

INHALT

Mich rühren die sandigen Wege
Im alten sandigen Land.
Die Heckenrosengehege.
Die Holderbüsche am Rand
Der alten Felderraine.
Die Gräser reden mir da
Von Zeiten, die warn noch nicht meine,
Als ich das Früheste sah:
Die Gräser. Und hörte die Lerche.
Und roch dieser Sande Geruch.
Seither schlepp ich diese Erde
Mit mir als Segen und Fluch.
Ich muss diesen Sand verwandeln,
Bis er schmilzt und Wort wird in mir.
Diese Erde läßt nicht mit sich handeln.
Ich komm nicht umsonst aus ihr.

Eva Strittmatter

MORGENLAND

Morgenland ist, anders als Siehdichum, kein Ort. Es ist auch keine geografisch-kulturelle Verortung, denn das Wort Abendland spielt in diesem Buch keine Rolle. Morgenland ist, wie bei Luther, die Bezeichnung für eine Himmelsrichtung, den Osten Brandenburgs, dort, wo über dem Land die Sonne aufgeht.

Morgenland Brandenburg erkundet das Land von Morgen in Ostbrandenburg und der Lausitz. Eine Region, die lange nicht in einem Atemzug mit Zukunft und Entwicklung genannt wurde, weil die Probleme der Vergangenheit und Gegenwart sie fest im Griff hatten. Abwanderung, Deindustrialisierung, Verlust an Perspektiven: Bis in die jüngste Zeit fand im Morgenland die Zukunft woanders statt.

Auch jetzt ist das Morgen, das zwischen Spree und Oder hervorscheint, nichts, das für Imagebroschüren taugt. Selbst der Strukturwandel in der Lausitz ist kein Selbstläufer, er hängt davon ab, dass Menschen kommen und ihn mit Leben füllen. Vielmehr ist die Zukunft, die im Morgenland sichtbar wird, nah dran an den Erfahrungen der Gegenwart und den Menschen, die diese Gegenwart bewohnen, bearbeiten, auch beargwöhnen. Es ist das Morgen, in das wir gehen, nicht das, das auf uns zukommt.

Inzwischen sagen viele, die Zukunft wird nicht in der Stadt erprobt, sondern auf dem Land. Noch aber macht das Morgen vielen Angst. Doch das Gestern kommt nicht wieder. Und die Gegenwart geht auf unsicherem Grund.

WO GEHT ES ZUM MORGEN

Siehdichum, Fünfeichen

Media vita in morte sumus. 1524 war es, da hat Martin Luther einen gregorianischen Choral ins Deutsche übersetzt, der schon im Frühmittelalter in Frankreich entstanden war. Mitten im Leben sind wir vom Tod umfangen. Mit dieser ersten Strophe des Chorals gab Luther den Ton vor für zahlreiche Kirchenlieder, die danach entstanden sind. Hat er dabei nur an den Tod gedacht oder auch an das Leben danach?

Mitten im Leben sind wir vom Tod umfangen: Knapp fünfhundert Jahre später wird Luthers Wort auch in Siehdichum gesprochen. Unterhalb des Forsthauses, das Gabriel Dubau, der Abt des Klosters Neuzelle, 1746 hoch auf einem Bergsporn zwischen Hammersee und Schlaube errichten ließ, weihte die Stiftung Stift Neuzelle im Oktober 2020 einen Ruheforst ein. 400 Bäume dienen seitdem als so genannte Biotopbäume, um jeden von ihnen gibt es zwölf Grabstellen. Dem Uhrzeiger nach sind sie angeordnet, wer Glück hat, findet seine letzte Ruhe mit Blick auf den Kleinen Schinkensee und die Schlaube. Mitten im Tod sind wir von der Schönheit und Ruhe des Schlaubetals umfangen.

Aber hat diese Schönheit Zukunft? Auch Norbert Kannowsky ist an diesem feuchten Oktobertag nach Siehdichum gekommen. Der Geschäftsführer der Stiftung Stift Neuzelle ist gewissermaßen der weltliche Nachfolger des Abtes Gabriel Dubau, und als solchen treiben ihn nicht nur die letzten Dinge um, sondern auch die vorletzten. Zum Beispiel die Frage: Wie bewirtschafte ich meinen Wald in Zeiten von Klimawandel, anhaltender Dürre und zunehmender Waldbrandgefahr? Wie steuere ich meine Stiftung in Zeiten knapper Kassen in eine sichere Zukunft?

Der Ruheforst in Siehdichum ist eine Antwort auf diese Frage. Kannowskys Stiftung hat ihn vor der Einweihung noch einmal kräftig durchgeforstet, damit in den kommenden 100 Jahren die gebotene Stille einer letzten Ruhestätte möglich wird, dann hat er ihn aus der Bewirtschaftung genommen. Die Verpachtung an die Betreiber der Ruheforst-Friedhöfe in Deutschland verspricht ganz offensichtlich mehr Einnahmen als die Ernte meist jüngerer Eichen. Mitten im Leben sind wir von wirtschaftlichen Zwängen umfangen.

Der Waldboden hier atmet Geschichte, sagt Norbert Kannowsky bei der Einweihung des »Ruheforstes Schlaubetal«. Er atmet aber auch Zukunft. Kannowskys Stiftung hat sich etwas getraut. Hat die ausgetretenen Wege verlassen und Neuland betreten. Waldbestattungen gab es bis dahin nur wenige in Brandenburg. Würde der Ruheforst in Siehdichum angenommen werden? Oder würden die Grabstellen an den Biotopbäumen ein Schuldengrab für die Stiftung werden? Auch andere stehen vor solchen Fragen. Überall in Brandenburg mit seinen Wäldern und Feldern werden neue Geschäftsmodelle ausprobiert, entstehen Windparks, Solaranlagen, Wildnisgebiete, aber auch Coworking-Spaces und neue Wohnprojekte. Es ist Druck auf dem Kessel, und mit jedem Hitzesommer steigt er. Was heißt das für die Menschen, die auf dem Land leben und es bewirtschaften?

Was sind unsere Wege in die Zukunft? Welche sind wir bereit zu gehen, und welche scheuen wir? Oder verharren wir lieber in vertrauter Umgebung, weil die Zukunft immer behaftet ist mit Unwägbarkeiten?

Seitdem ich nicht mehr nur in Berlin, sondern auch im Schlaubetal lebe, stelle auch ich mir Fragen, die mir zuvor nur selten in den Sinn kamen. Existenzielle Fragen, die nach dem Woher und Wohin. Die Zeit, in der die Stadt lebt, ist die Gegenwart. In einer rauschenden Clubnacht gibt es kein Gestern und Morgen. Geradezu zelebriert wird das Hier und Jetzt in Berlin, es ist die Währung urbaner Lebensstile und Selbstvergewisserung, auch wenn es nur eine Momentaufnahme ist. Auf dem Land führt das Hier und Jetzt kein Eigenleben. Wenn der Regen ausbleibt, habe ich keine Zeit, den Garten zu genießen, sondern muss ihn wässern. Wenn sich ein Unwetter zusammenbraut, muss ich die Wäsche von der Leine holen und schnell noch gießen, damit die Regentonne wieder vollaufen kann. Die Gegenwart ist auf dem Land ein schmaler Grat zwischen Vergangenheit und Zukunft. Im vermeintlich säkularen Berlin hat sie religiöse Züge angenommen.

So wie unser Garten im Schlaubetal vor Sonne und Trockenheit geschützt werden muss, muss auch die Region ihren Platz zwischen gestern und morgen finden. Norbert Kannowsky, der Chef der Stiftung Stift Neuzelle, hat gehandelt. Es hätte auch schief gehen können. Hätte er den Kopf in den Sand gesteckt, dann hätte er vielleicht ein paar schlaflose Nächte weniger gehabt. Gleichzeitig hätte er sich der Zukunft verweigert. Denn Gottvertrauen hilft in diesen Zeiten nicht mehr weiter. Mitten im Leben sind wir zum Tun verdammt.

Mehr als zwei Jahre nach seiner Einweihung wird der Ruheforst erweitert. Die Nachfrage nach den Plätzen an den Biotopbäumen ist riesig, alle Zweifel sind verflogen. Werden die anderen Zukunftsprojekte in Ostbrandenburg ähnlich erfolgreich? Wie wird Brandenburg in Zukunft aussehen?

Das ist, was mich umtreibt, dem will ich auf die Spur gehen. Das Land von Morgen in Brandenburgs Osten unter die Lupe nehmen.

Auch Morgenland ist ein Wort, das von Martin Luther stammt. In seiner Übersetzung des Matthäusevangeliums spricht er von den »Weisen aus dem Morgenland«. Es sind die Heiligen Drei Könige, Sternendeuter, Magier. Das Morgenland bei Luther trägt noch nicht, wie später der Orient, dieses kulturelle Gepäck mit sich, nicht dieses Fingerzeigen auf die anderen und den Islam, um sich selbst, im christlichen Abendland, auf die Schulter zu klopfen.

Für Luther ist das Morgenland eine Himmelsrichtung, weil es zu seiner Zeit noch nicht die Begriffe gibt, derer wir uns heute bedienen. Osten heißt bei Luther Morgenland, Westen Abendland, Norden Mitternacht und Süden Mittag. Das Morgenland Brandenburg ist also der Osten des Landes, es ist aber auch jene Region, über die in der Mark als erstes die Sonne aufgeht. Über der Oder erwacht sie, klettert dann hoch Richtung Spree und senkt sich wieder über der Elbe. Ein Land der Sonne ist das Morgenland in Brandenburg, auch wenn das durchaus einen bitteren Beigeschmack hat nach mehreren Hitzesommern in Folge. Doch ist nicht da der Tag am nächsten, wo die Nacht am tiefsten ist?

Von Siehdichum will ich mich also auf den Weg ins Morgenland machen. Ins Land von morgen, in diese Werkstatt der Zukunft, in der man, auch um den Preis des Scheiterns, Neues ausprobieren darf, tüfteln, durch das Fernglas in die nahe Zukunft blicken, und es auch mal umdrehen, so viel Spaß soll sein. Und so viel Überraschung auch. Warum die Zukunft immer linear denken? Warum nicht auch Haken schlagen, Dinge zusammenbringen, die auf den ersten Blick nichts miteinander zu tun haben? Warum nicht These und Antithese probieren, weil nur so etwas Neues entstehen kann, auch im Erzählen.

Wie aber komme ich ins Morgenland? Mit Bus und Bahn oder doch besser mit dem Auto? Oder ist das Morgenland gar nicht so weit weg, so dass ich auch aufs Fahrrad steigen kann?

In den Urwald Fünfeichen komme ich vom Ruheforst in Siehdichum sogar zu Fuß. Vom nahen Försterfriedhof gehe ich auf einem Waldweg Richtung Südosten. Vom Totalreservat Teufelssee führt der Weg dann geradewegs in Ost-, also Morgenlandrichtung zum Urwald Fünfeichen. Mein Ziel ist der größte und ursprünglichste Traubeneichenwald in Brandenburg. Zugleich ist er ein Zukunftswald.

Mir begegnet der Traubeneichenwald im Schlaubetal zunächst als Rätsel. Einen Urwald stelle ich mir anders vor. Wild, ungeordnet und schwer zu durchdringen. Der Urwald Fünfeichen dagegen ist schachbrettförmig angelegt. Doch das ist nur sein Grundriss. Viele der Eichen standen dort schon, als Gabriel Dubau sein Jagdhaus in Siehdichum errichten ließ. Die Wälder rund um die Schlaube sind uralt, die ältesten Eichen im Urwald von Fünfeichen haben 300 bis 350 Jahre auf dem Buckel. Methusalembäume sind es, die ich zwischen den geometrisch angelegten Forstwegen dann endlich entdecke, manche stehen noch, manche haben sich, müde und kraftlos, hingelegt und schlafen, denn tot ist Totholz nicht. Aber um Totholz soll es hier nicht gehen, auch nicht um den Lebensraum von Insekten und Vögeln, sondern um die Zukunft des Waldes. Der älteste Wald des Schlaubetals ist nämlich auch der Wald, der dem Klimawandel trotzen soll.

Auch das habe ich erst auf den zweiten Blick begriffen. Urwald – das waren für mich Baumriesen, eng beieinander, ein Dickicht, ein Fingerzeig vergangener Zeiten, der in die

Gegenwart ragt. Das Besondere am Urwald in Fünfeichen, der 1961 zusammen mit dem Teufelssee als Naturschutzgebiet und später als Totalreservat ausgewiesen wurde, ist etwas anderes. In ihm leben Traubeneichen verschiedener Generationen. So wie die Stadt ihr Mehrgenerationenwohnen hat, hat das Schlaubetal seinen Mehrgenerationenwald. So besonders ist der Urwald in Fünfeichen im Schlaubetal, dass ihn Brandenburg im Jahr 2015 zum ersten Generhaltungswald des Landes ausgewiesen hat.

Der wilde Wald, der sich zwischen den Forstwegen im Schachbrettmuster entwickeln konnte, ist eine Art Arche Noah. Das Gedächtnis, das er speichert, ist das von Artenvielfalt und Widerstandsfähigkeit. Und genau das brauchen die Wälder, um durch den Hitzestress des Klimawandels zu kommen. Was hier hochkommt, ist erprobt. Die Eicheln, die in Fünfeichen gesammelt werden, sind die Samen der Zukunft. Mitten im Wald sind wir von Hoffnung umfangen.

Doch wer wird in Zukunft durch diesen Wald des Morgenlandes streifen? Wer sich die Wanderschuhe anziehen und die Eichen bewundern, die bis dahin gewachsen sein werden? Wer wird das Morgenland bevölkern? Die gute Nachricht: Es werden nicht weniger sein als heute. Gut ist die Nachricht deshalb, weil noch 2016 das Landesamt für Bauen und Verkehr (LBV) in Zusammenarbeit mit dem Amt für Statistik Berlin-Brandenburg (AfS) eine sehr düstere »Bevölkerungsvorausschätzung« erstellt hat. Bis zum Jahr 2030 sollte die Bevölkerung im so genannten Planungsraum Oderland-Spree, zu dem die Landkreise Märkisch-Oderland und Oder-Spree sowie die kreisfreie Stadt Frankfurt (Oder) gehören, um 19.300 Menschen auf 412.000 schrumpfen. Die jüngste Prognose von 2021 geht dagegen von einem leichten Wachstum von 2.098 Personen aus. Das passt zum Brandenburger

Trend, der besagt, dass die Mark mit Berlin in der Mitte das einzige Bundesland im Osten Deutschlands ist, das bis 2030 wachsen wird.

Die schlechte Nachricht: Je weiter die Planerinnen und Planer in den Osten der Region schauen, desto düsterer sieht es aus. Grunow, das Dorf, in dem wir leben, ist heute schon mit elf Einwohnern pro Quadratkilometer die am dünnsten besiedelte Gemeinde zwischen Spree und Oder. Im Amt Schlaubetal, zu dem Grunow-Dammendorf gehört, sollen bis 2030 noch einmal bis zu fünf Prozent der Menschen abwandern, die bislang geblieben waren. Hinzu kommt, dass doppelt so viele Menschen sterben wie geboren werden. Das kann auch ein Zuzug von außen nicht ausgleichen. Zwar ist Tesla in Grünheide ein Hoffnungsschimmer, aber nur für jene Orte, die entlang der Regionalexpresslinie 1 liegen. Südlich davon und östlich von Storkow wird Tesla kaum Zuwachs bringen. Selbst Beeskow und sein Umland gehören inzwischen zu den schrumpfenden Regionen zwischen Spree und Oder. Mitten in der Zukunft sind wir von Statistik umfangen.

Mein Morgenland dagegen lässt sich von Statistiken nicht aus der Ruhe bringen. Vielleicht liegt es daran, dass ich keine Kinder habe und auf keine andere Zukunft hoffen kann als die Zeit, die vor mir liegt. Ja, auch ich hoffe natürlich, dass das Morgenland in Brandenburg mehr noch als bisher von Berlin profitieren wird, ich hoffe es für Beeskow, ich hoffe es für Eisenhüttenstadt und Frankfurt, ich hoffe es für die Lausitz, wo die Prognosen mit über zehn Prozent Bevölkerungsverlust noch dramatischer ausfallen als in Oderland-Spree.

Aber das Morgenland ist 500 Jahre nach den Worten von Martin Luther auch mein ganz persönliches Morgenland, die Zukunft der Region ist auch das Naheliegende, das ich mir in ihr wünsche. Und sie ist das Morgenland jener Menschen, die etwas aus ihr machen. Die graben, säen, ernten. Ihnen will ich folgen. Nach Beeskow und nach Frankfurt (Oder), an die Hoffnungsbay und nach Reudnitz und natürlich nach Cottbus und in die Lausitz, Deutschlands vielleicht größtes Zukunftslabor der Gegenwart.

Norbert Kannowskys Idee mit dem Ruheforst, das muss ich zugeben, hat mich fasziniert. Er gibt dem Wald eine andere Dimension.

Fasziniert von dieser Dimension und der Magie, die Siehdichum umgibt, war auch Charly Hübner. Nach dem Ende seiner Karriere als Schauspieler im Rostocker *Polizeiruf 110* drehte Hübner im März 2022 seinen ersten Film als Regisseur. Es war die Verfilmung des Romans *Sophia, der Tod und ich* von Thees Uhlmann, ein Road-Movie mit dem Tod als lebendigen Reisebegleiter. Eines Nachts steigen die Romanfiguren in einem tiefen Wald aus dem Auto und klopfen an die Tür einer Pension. Das Forsthaus Siehdichum hatte seinen ersten Kinoauftritt. Was für eine Geschichte.

Keinen Augenblick hat Charly Hübner gezögert, als wir ihn um ein kurzes Treffen baten. Wir mussten nicht lange warten, da kam er vom Hof des Forsthauses über einen schmalen Pfad herunter zum Wanderparkplatz, den die Filmtrucks schon in Beschlag genommen hatten. Es war eine Begegnung voller Herzlichkeit, bei der wir ihm ein Exemplar von »Siehdichum« geschenkt haben. Ob er es gelesen hat, werde ich nie erfahren.

Aber dafür, dass er »Siehdichum« ins Kino gebracht hat, bin ich ihm dankbar. In der Romanszene, die auf dem Weg zwischen Forsthaus und Ruheforst gedreht wurde, blickte der Ich-Erzähler noch einmal in den Himmel. Er war noch einmal rausgegangen aus der Pension, in der er mit Sophia und dem Tod eingecheckt hatte. Und auch mit seiner Mutter, die sie auf dem Weg aufgegabelt hatten. Schon als sie aus dem Auto ausgestiegen waren, hatte die Mutter gesagt: »Der Himmel sieht furchteinflößend aus. Dunkler als sonst.«

Nun also stand der Erzähler da »in der windigen Kälte der Nacht«. Bevor er noch einmal vor die Tür gegangen war, hatte der Tod zu ihm gesagt: »Ich mache den ganzen Kram hier zu dem, was er ist. Ich bin das Ticken in eurem Kopf. Alles, was ihr am Leben liebt, bekommt durch mich erst seine Form.«

Luthers Wort hatte plötzlich eine andere Bedeutung bekommen. Es liegt an uns, welche Macht wir dem Tod im eigenen Leben einräumen. Ob er sich uns in den Weg stellt und daran hindert, weiterzugehen. Oder ob wir ihn beiseiteschieben und den nächsten Schritt wagen.

Mitten im Leben sind wir von Zukunft umfangen.

TESLA UND DER WALD DER ZUKUNFT

Grunow, Grünheide

Eine solche Kolonne hat der Feldweg nördlich von Grunow noch nicht gesehen. Wo ich sonst auf meiner Abendrunde unterwegs bin, wackelt ein Pick-up den unebenen Sandweg entlang, gefolgt von mehr als einem Dutzend Fahrzeuge, sogar eine Tesla-Limousine hat sich der Kolonne angeschlossen. Der Hersteller von Elektroautos will sich die Gelegenheit nicht entgehen lassen, bei einer ungewöhnlichen Exkursion dabei zu sein, zu der die grüne Landtagsabgeordnete Isabell Hiekel eingeladen hat. Auf dem Feldweg bei Grunow soll im September 2022 die Frage beantwortet werden, ob der neun Monate zuvor gepflanzte Tesla-Wald angewachsen ist. Oder ob die Pflanzung als Ersatz- und Ausgleichsmaßnahme für die Rodung der »Gigafactory« in Grünheide dem Hitzesommer zum Opfer gefallen ist.

Ich selbst werde während der Exkursion auf dem Beifahrersitz des Pick-ups durchgeschüttelt. Am Steuer sitzt Axel Behmann, der Geschäftsführer von »Naturwald für Generationen«, dem Projektträger der Aufforstung. Behmann, der gelernte Landwirt aus Schleswig-Holstein, macht nun in Wald. »Wir sind hier Pioniere«, sagt er und meint damit auch, dass aus dem Feldweg in Zukunft ein Waldweg werden soll. Auf der Ladefläche seines Wagens hat Behmann einen Spaten dabei und eine Bodensonde. Über beides wacht sein Jagdhund.

Bereits im Januar 2022 hatte mich Behmann eingeladen, der Neupflanzung des Tesla-Walds in Grunow beizuwohnen. 30.000 Bäume an einem Tag hatten sich Behmann und seine Pflanzkolonne damals zum Ziel gesetzt. Vor allem Eiche und Birke sollten an diesem feuchtkalten Tag in die Erde gebracht werden. Axel Behmann hatte mit einer Breite von elf Metern Deutschlands größte Pflanzmaschine bauen lassen. Drei der fünf Plätze auf der Pflanzmaschine waren besetzt. Die rumänischen Pflanzer griffen sich die Eichen- und Birkensetzlinge aus den Säcken und steckten sie in die einen Meter tiefe Furche. Die Kolonne, die der Pflanzmaschine folgte, war keine Fahrzeugkolonne, sondern ging zu Fuß. Die »Kolonnisten« traten den Boden um die Jungbäume fest. Es war ein Anblick, der ungewöhnlich war in Brandenburg. Wann wird schon unter Einsatz von schwerem Gerät ein neuer Wald gemacht?

Seit diesem Januartag bin auf eine kindliche Weise aufgeregt. Welche Bäume werden überleben, welche auf der Strecke bleiben? Wann werden sie mir über den Kopf wachsen? Wie wird der Wald der Zukunft aussehen? Wird es ein gewohnter Anblick sein oder muss ich mich an ihn erst gewöhnen, so wie ich mich auch an andere neue Landschaftsbilder gewöhnen musste? Und ein wenig staune ich über mich selbst. Woher kommt diese kindliche Aufregung? Ist die Neugier also doch kein Privileg der Jugend?

Nur durch einen Zufall hatte ich entdeckt, dass der Tesla-Wald nicht rund um Grünheide entsteht, wo die Gigafactory wie ein Ufo in der Mark gelandet ist. Der Neuwald wurde zwischen Beeskow und Grunow gepflanzt, denn die »Ausgleichs- und Ersatzmaßnahmen«, die das Brandenburgische Waldgesetz verlangt, müssen nicht in unmittelbarer Nähe des abgeholzten Waldes erfolgen. Wichtig ist nur, dass sie im selben Naturraum stattfinden. Das ist in Grunow der Fall. Sowohl der gerodete Tesla-Wald in Grünheide als auch der 60 Kilometer weiter östlich entstehende Tesla-Neuwald gehören zum Naturraum »Ostbrandenburgisches Heide- und Seengebiet«.

Ich kann seitdem mit eigenen Augen sehen, wie der Wald der Zukunft wächst. Nicht durch Naturverjüngung, also durch die natürliche Aussamung wie im Urwald Fünfeichen, sondern durch eine gezielte Aufforstung. Nicht um kleine Versuchsflächen geht es hier, sondern um Brandenburgs größten Waldneubau. Für die 173 Hektar Kiefernwald, die in Grünheide gerodet wurden, hat sich Tesla vertraglich verpflichtet, 294 Hektar aufzuforsten. Dass zwischen Beeskow und Grunow sogar 520 Hektar neuer Wald entstehen und noch 150 Hektar extensiv bewirtschaftetes Grünland dazu, hat zwei Gründe. Einmal hat die Oegelner Fließ GmbH und Co. KG, die Gesellschaft von Flächeneigentümern, die hinter »Naturraum für Generationen« steht, 670 Hektar Flächen zusammenbekommen. Zum anderen betreut die landeseigene Flächenagentur, mit der Behmann ins Geschäft gekommen ist, nicht nur die Ausgleichsmaßnahmen von Tesla, sondern auch zahlreiche andere, wenn auch deutlich kleinere.

An diesem Januartag hatte mich, so habe ich es damals in mein Notizbuch geschrieben, die Zukunft berührt. Die Gegenwart, die ich bis dahin bei meinen Abendrunden über die Wald- und Feldwege nördlich von Grunow kennengelernt habe, war zur Vergangenheit geworden. Es waren schnell wachsende Pappeln, Weidenkätzchen und Robinien, die regelmäßig nach ein paar Jahren geerntet wurden und als Holzhäcksel in der Biogasanlage landeten. Rund um Grunow wuchsen viele dieser Kurzumtriebsplantagen. Schon vor vielen Jahren hatten die schlechten Böden die Landwirte zu solchen Experimenten gezwungen. Doch kaum hatte ich dieses neue Wort, Kurzumtriebsplantage, gelernt, war es schon wieder Geschichte. Nicht nur in der Stadt dreht sich das Rad der Zeit immer schneller, sondern auch auf dem Land.

Kurz vor dem Waldrand bringt Axel Behmann seinen Pickup zum Stehen. Die Fahrzeuge der Kolonne parken nacheinander am Feldweg. Türen schlagen, vor einer Fläche, auf der bis vor kurzem noch schnell wachsende Pappeln Biomasse geliefert haben, bildet sich eine Menschentraube. Die junge Tesla-Mitarbeiterin scheint zufrieden, lachend schießt sie Handyfotos. Einige Pappelreihen hat der Förster, der für Behmann die Aufforstung des Tesla-Waldes verantwortet, stehen lassen. Sie sollen der Traubenkirsche, die auf der Fläche wächst, Schatten spenden. Schattenbäume sind wichtig, betont Behmann. Wenn sie ihren Dienst verrichtet haben, müssen sie aber raus. Denn Balsampappeln sind keine gebietsheimischen Gehölze, und nur solche dürfen den neuen Wald bilden. So verlangt es eine Vorschrift, über die die Untere Naturschutzbehörde mit Argusaugen wacht.

Was ist heimisch, was nicht? Was darf bleiben, was muss wieder weg? Wer bekommt einen Aufenthaltstitel, wer ein Bleiberecht, wer wird abgeschoben? Schon öfter hab ich die Naturschützer in meinem Bekanntenkreis in solche Debatten zu verwickeln versucht. Habe gefragt, ob es in Flora und Fauna nicht eine Fremdenfeindlichkeit gebe, die andernorts Empörung hervorrufen würde. Zum Beispiel dann, wenn von invasiven Arten die Rede ist, die die heimischen Arten verdrängen würden. Wenn die Eindringlinge wieder raus müssen aus den heimischen Biotopen. Wenn ihnen attestiert wird, sich nicht integrieren zu können und nichts zum Nutzen der Gemeinschaft beizutragen.

Es ist ein Thema, über das Naturschützer nicht gerne reden. Vielleicht auch deshalb, weil es nicht nur um Fremdenfeindlichkeit geht, sondern auch um Darwinismus. Man pflanzt, was sich als robust erwiesen und die besten Überlebenschancen hat. Und was hineinpasst in den großen Stoffwechsel der Natur. Roteichen zum Beispiel passen nicht hinein, obwohl sie resistent sind gegen Schädlinge und Hitze und dem Anspruch an Resilienz, den viele nun im Klimawandel hochhalten, Genüge leisten. Ihr einziges Manko: Es gibt in unseren Breiten keine Insekten, die die abgefallenen Blätter der Roteiche, die im Herbst noch viele an den *Indian Summer* erinnern, zersetzen können. Und ohne Zersetzung kein Humus, keine neue Muttererde. Die Natur kann grausam sein in ihrem Bemühen, Eindringliche fernzuhalten.

Axel Behmann hat sich dennoch vorgenommen, diese Diskussion zu führen und auf der Exkursion ein paar unangenehme Fragen zu stellen. Warum nicht auch mit Bäumen experimentieren, die nicht heimisch sind, fragt er. Solche zum Beispiel, die an anderer Stelle, etwa im Süden Europas, bewiesen haben, dass sie gut mit der Hitze klarkommen. Warum nicht auch Douglasien oder Libanonzedern in die heimischen Wälder bringen? Warum sie nicht bunt machen und divers?

Fragen sind das, die auch Forscherinnen und Forscher stellen, die unsere Wälder fit machen wollen für die Zukunft. Nicht nur durch Waldumbau, denn ein Mischwald ist feuchter als ein Kiefernforst und fängt weniger schnell Feuer. Auch so genannte »Klimabäume« oder »Zukunftsbäume« sollen die Wälder anpassen an die neuen Bedingungen.

Axel Behmann nennt die Bäume, mit denen er auf seinen Flächen gerne experimentieren möchte, »Alternativbaumarten«. Natürlich weiß er, dass das auch schiefgehen kann. Auf dem Feldweg nördlich von Grunow können es alle sehen.

Schon neun Monate nach der ersten Pflanzung hat die Robinie, eine dieser invasiven Arten, wieder ausgetrieben. Im Tesla-Wald dürfen Robinien nicht zuhause sein, sagt Behmann. »Wenn bei der Abnahme nur eine einzige Robinie auf den Flächen steht, wird das nicht als Wald anerkannt.«

Welche die »nicht-invasiven« Bäume der Zukunft sein können, will Behmann deshalb im Rahmen eines Forschungsprojekts herausfinden, für das er die Hochschule für Nachhaltige Entwicklung in Eberswalde (HNEE) mit ins Boot geholt hat. Als Ausgleichsmaßnahme werden solche Experimente allerdings nicht gefördert. Vielleicht auch deshalb nicht, weil das von Axel Vogel, einem Grünen, geführte Landwirtschafts- und Umweltschutzministerium damit die Regeln ad absurdum führen würde, die es sich selbst gegeben hat. Die Aufgabe des Grundsatzes, nur gebietsheimische Gehölze zuzulassen, würde in Naturschutzkreisen zudem einen Aufschrei auslösen. Experimente wie die von Behmann und der HNEE können deshalb nur auf eigene Rechnung stattfinden.

Was aber, wenn es gar nicht so viele Setzlinge für gebietsheimische Gehölze gibt? Auf dem Feldweg, hinter dem einmal eine Kurzumtriebsplantage wuchs, haben die jungen Traubeneichen den Sommer überraschend gut überstanden, freut sich Isabell Hiekel, die Gastgeberin der Exkursion. Auch der Spitzahorn, sagt Behmanns Förster, sei gut über den Sommer gekommen, ganz anders als die Buche, die bis heute als die heimischste Baumart in Brandenburg gilt. Gerne würde der Förster noch mehr Traubeneichen und Spitzahorne pflanzen. Doch das sei gar nicht so einfach. 30.000 oder 40.000, sagt der Förster, könne er in diesem Jahr in den verschiedenen Baumschulen noch zusammenkratzen. Allerdings könnte er gut und gerne das Doppelte oder Dreifache davon pflanzen.

Und dann ist da noch die Hitze, die nicht nur den jungen Bäumen zusetzt, sondern auch den gestandenen unter ihnen. Eine fette Eichenmast habe man für 2022 erwartet, sagt der Förster. Doch auf den Hitzestress hätten die Eichen mit Notabwürfen reagiert. Wer mit dem Fahrrad unter einer Eichenallee fährt, weiß, was Behmanns Förster meint. Immer wieder knackt es, wenn die Reifen über grüne, noch nicht reife Eicheln rollen.

Zuwanderung nicht erwünscht, obwohl die heimische Waldbevölkerung nicht genügend Nachwuchs liefert, das ist die Botschaft, die Axel Behmann an diesem Tag unter die Leute bringen will. Isabell Hiekel unterstützt die Idee, mit »Alternativbaumarten« zu experimentieren. Auf die richtige Mischung kommt es an, findet sie. »Wir wissen heute nicht genau, was morgen passiert und müssen deshalb auf alles vorbereitet sein.« Trockenresilient und unempfindlich gegen Spätfröste sollen die Bäume der Zukunft sein. Hiekel wünscht sich, dass bald mehr möglich wird beim Waldbau in Brandenburg: »Hier muss sicherlich behutsam nachgesteuert werden«, sagt die Grüne. Dafür müssten die Ziele für die Waldwirtschaft unter den Bedingungen des Klimawandels neu definiert werden. »Das ist eine Aufgabe, die jetzt ansteht.« Sie verspricht, die Debatte auch im grünen Ministerium führen zu wollen.

Für »Naturraum für Generationen« kommt diese Debatte zu spät. Eine Forschungsfläche von 50 Hektar, auf der Behmann mit der Hochschule in Eberswalde mit Zukunftsbäumen experimentieren wollte, ist mit privaten Mitteln nicht zu finanzieren. Die Flinte ins Korn werfen will Axel Behmann dennoch nicht. Er bittet die Teilnehmerinnen und Teilnehmer der Exkursion, wieder in ihre Autos zu steigen. Die letzte Station an diesem Tag wird nicht in Grunow stattfinden, sondern bei Oegeln, dem Sitz von »Naturraum für Generationen«.

Eine Viertelstunde später kommt die ungewöhnliche Fahrzeugkolonne in Oegeln an. Drei Hektar klein ist die Fläche, auf der Behmann und die Eberswalder Hochschule nun ohne Förderung experimentieren. Gepflanzt wurde etwa ein Schwarznuss-Walnuss-Hybrid, der in Südeuropa heimisch ist. Weitere 15 solcher Baumarten sind inzwischen gefolgt, unter ihnen der Riesenlebensbaum, die Westamerikanische Hemlocktanne, Silberlinde, Edelkastanie, Zerreiche, Ungarische Eiche, Orientbuche, Elsbeere oder Orientalische Platane. 14.000 »Alternativbäume« wurden im November 2022 gepflanzt, auf einer Fläche von 14 Hektar wurden im Januar darauf weitere 10.000 Bäume in die Erde gebracht. Finanziert wird diese Versuchspflanzung unter anderem von Tesla und mit einer Crowdfunding-Kampagne.

Auf der Versuchsfläche musste Behmann allerdings eine weitere Hürde nehmen. Eine Aufforstung, die nicht als Ausgleich anerkannt wird, gilt – wie die Rodung des Kiefernwaldes für die Gigafactory von Tesla – ebenfalls als Eingriff in die Landschaft. Für die Versuchsfläche muss Behmann nun selbst für Ausgleich sorgen.

Ob der geförderte Tesla-Wald am Ende als Wald anerkannt wird, sagt Behmann zum Abschluss der Exkursion, zeige sich in vier Jahren. Dann müssten die Pflanzungen von der unteren Forstbehörde abgenommen werden. Voraussetzung ist, dass eine »Waldkultur« entstanden ist. »Ein richtiger Wald«, sagt Axel Behmann, »ist dann in 15 bis 20 Jahren zu sehen.«

Schnell habe ich nachgerechnet. In fünfzehn Jahren bin ich Mitte siebzig. Meine kindliche Aufregung wird also noch eine Weile anhalten.

BADEN VERBOTEN

Treppelsee, Groß Köris, Trebatsch

Ich glaube, es war eines der ersten Fotos, das ich von der neuen Heimat auf Facebook gepostet habe. Das Foto zeigt einen Wegweiser aus Holz, ein eher banales Motiv also, aber mir kam es vor wie ein Versprechen: »Zum Strand«. Was ich mir immer gewünscht habe, wenn ich an das Leben auf dem Land gedacht hatte, sollte an diesem Ort möglich werden: Baden, solange es die äußere und innere Temperatur zulässt.

Der Strand hielt, was er versprach. Vom Parkplatz am Großen Treppelsee, an dem der Wegweiser aufgestellt war, ging es auf einen Waldweg und einige Treppen hinab zur Badestelle. Ich blieb stehen und konnte es kaum glauben. Vor mir erstreckte sich ein, wenn auch nicht allzu großer, Sandstrand, dahinter kräuselte sich das Wasser des Sees, im Hintergrund wieder Steilufer und Wald. Ein wenig erinnerte mich die Kulisse an eine Bierwerbung in der Sportschau. Vor mir, das dachte ich damals wirklich, lag das Paradies auf Erden.

Der Gedanke an das Paradies war das erste, das mir in den Sinn kam, als ich im Juni 2022 an derselben Stelle vor einem Zaun stand. Es war ein Wildzaun aus Draht, gespannt zwischen mehreren Holzpflöcken, er war den Zäunen gegen die Afrikanische Schweinepest nicht unähnlich. Hier aber, das ahnte ich sofort, ging es nicht darum, Wildschweine aufzuhalten, sondern Badegäste. Der Zugang zum Paradies war versperrt. Selbst der Wegweiser war verschwunden. Es war, so habe ich es damals gedacht, kein Paradies mehr, sondern die Hölle auf Erden.

Vielleicht muss ich an dieser Stelle erwähnen, dass ich eine Wasserratte bin. Viele meiner Kinderfotos zeigen mich in der elterlichen Badewanne. Doch das war nur die Ouvertüre. Als Zweijähriger bekam ich an der Adria das erste Mal das Meer zu sehen. Seitdem lässt mich das Wasser nicht mehr los. Anbaden spätestens im Mai, abbaden nicht vor Oktober, dazwischen sechs Monate Glückszustand. So ist es seitdem geblieben. Ein See wie der Große Treppelsee kam da wie gerufen. Aber doch nicht mit einem Zaun!

Wie schnell ein Paradies zur Hölle werden kann, hatte im Sommer zuvor der Helenesee gezeigt. Die »kleine Ostsee« südlich von Frankfurt (Oder) war vom Landesamt für Bergbau, Geologie und Rohstoffe nach einer Rutschung gesperrt worden. Seitdem drängen auch die Wasserratten aus Frankfurt ins Schlaubetal, entdecken den Müllroser See mit seinem breiten Sandstrand oder den Großen Treppelsee, mein Paradies. Was, wenn nun auch der Treppelsee geschlossen blieb? Baden verboten, und das in Brandenburg, dem gewässerreichsten Bundesland in Deutschland?

Am nächsten Tag erfuhr ich aus der Lokalzeitung, was es mit dem Zaun auf sich hatte. Der Pächter des benachbarten Campingplatzes hatte ihn aufgestellt. Seit Jahren liegt er mit den Betreibern der nahen Jugendherberge Bremsdorfer Mühle über Kreuz. Zu laut seien die Jugendlichen, klagte der Pächter dem Reporter, seine Gäste fühlten sich gestört. Statt über den Parkplatz mussten die Jugendlichen nun den Umweg über den Campingplatz nehmen und sich ordentlich anmelden. Gleiches gelte für die anderen Badegäste, betonte der Pächter, also galt das auch für mich. Der Lokalzeitung erklärte der Pächter, die Badestelle sei nicht öffentlich, sondern laut Pachtvertrag Teil des Campingplatzes, also Privatgelände.

Nicht öffentlich also war mein Paradies auf Erden, sondern privat. Wie viele der insgesamt 3.000 Seen in Brandenburg sich in Privatbesitz befinden, kann keiner sagen. Lange Zeit hat das auch niemanden interessiert. Zu DDR-Zeiten gehörten die Seen dem Volk, nach der Vereinigung der Bundesrepublik Deutschland. Zum Thema wurde die Eigentumsfrage erst, als die bundeseigene Bodenverwertungs und -verwaltungs GmbH (BVVG) 2003 den 212 Hektar großen Wandlitzsee zum Kauf ausgeschrieben hat. Kostenpunkt: 350.000 Euro. Der Zuschlag ging an eine Tochtergesellschaft der Teutonia Grundbesitz AG in Düsseldorf. Diese teilte mit, ihr Vorstand besitze am See ein Privatgrundstück mit Zugang zum Wasser. »Persönliche Überlegungen« seien für den Kauf des Sees ausschlaggebend gewesen.

Des einen Freud, der vielen anderen Leid. Wer einen Steg hatte, musste fortan Pacht an den Eigentümer bezahlen. Eine Gemeinde, deren Dorfstrand am Wandlitzsee lag, sollte 50.000 Euro im Jahr berappen. Einige Jahre später sagte mir Carsten Preuß, Mitglied im Brandenburger Vorstand des Bundes für Umwelt und Naturschutz Deutschland BUND: »Das Beispiel Wandlitzsee hat gezeigt, welche Folgen eine Privatisierung haben kann.«

Denn der Wandlitzsee war nur der Anfang. 2009 bot die BVVG weitere 300 Seen in Brandenburg zum Verkauf an. Jeder zehnte See sollte also fortan einem Privateigentümer gehören, der Pacht für Stege und Badestellen verlangen konnte. Als auch der Mellensee bei Zossen südlich von Berlin verkauft werden sollte, rief Preuß, der auch in der Gemeindevertretung saß, eine Petition ins Leben. Mit Erfolg: 2014 wurde der See kostenlos an die Gemeinde übergeben.

Doch die Welle der Privatisierungen rollte weiter. Seegrundstücke waren nun auch in Bandenburg der letzte Schrei. Als die BVVG 2012 weitere 145 Seen zum Verkauf ausschrieb, startete Carsten Preuß die nächste Petition. Auch das Land Brandenburg bot nun mit, kaufte am Ende 65 Seen für 3,74 Millionen Euro. Andere Seen werden inzwischen von Naturschutzverbänden gekauft. Es ist ein Wettlauf gegen die Zeit. »Gute« Eigentümer wollen »schlechten« Eigentümern zuvorkommen. Dass Seen kein Privateigentum, sondern öffentlich sein sollen, davon redet heute keiner mehr. Es ist, als hätte man sich abgefunden mit dem Monopoly am Wasser. Warum nur?

Den Mellensee hat Carsten Preuß mit seiner Petition retten können. Am Großen Karbuschsee ging der Wettlauf gegen die Zeit verloren. Mitten im Naturpark Dahme Heideseen, den Carsten Preuß inzwischen leitet, steht, wie am Großen Treppelsee, ein Zaun: Baden verboten!

Im September 2021, nach dem zweiten hitzigen Coronasommer in Berlin und Brandenburg, lädt mich Matthias Rackwitz ein, den Zaun zu besichtigen. »Dahinter war die Dorfbadestelle«, sagt der 52-Jährige aus Groß Köris. »Seit dem Krieg wurde hier gebadet.« Rackwitz hat die Brandenburger Landesverfassung mitgebracht zu unserem Treffen. »Die Nutzung des Bodens und der Gewässer«, zitiert er aus Artikel 40, »ist in besonderem Maße den Interessen der Allgemeinheit und künftiger Generationen verpflichtet.«

An der nur zehn Meter breiten Badestelle am Karbuschsee ist die Allgemeinheit ausgesperrt worden. Vom privaten Eigentümer des Sees, der einige hundert Meter entfernt in einer Villa lebt und nun einen Zaun gezogen hat. Von Carsten Preuß und seinem Naturpark, der auf einer Tafel informiert, dass an der Badestelle die seltene Art der Binsenschneide vorkomme. Und von der Unteren Naturschutzbehörde des Landkreises Dahme-Spreewald, die eine »temporäre« Schließung der Badestelle für fünf Jahre genehmigt hat. Matthias Rackwitz, Gartenbauingenieur, Anwohner und Vorsitzender im örtlichen Naturschutzbund, würde gerne darüber lachen. In Wirklichkeit ist er stinksauer.

Diese Geschichte ist vielleicht kein großer Skandal, es geht nicht um Korruption oder Machtmissbrauch, nicht um das große Geld. Es ist eine kleine Geschichte aus der Provinz, die davon erzählt, was passiert, wenn die Provinz zum Paradies wird, weil die Stadt zu ungemütlich geworden ist. Es ist eine Geschichte, die sich überall wiederholen könnte, trotz des Artikels 40 der Landesverfassung. Denn neben dem Privateigentum kommen plötzlich auch rücksichtslose Badegäste ins Spiel.

Begonnen hat die Geschichte im Jahr 2018. Damals wurde der Managementplan des Flora-Fauna-Habitat-Gebiets »Heideseen bei Groß Köris« beraten, zu dem auch der Große Karbuschsee gehört. In der abschließenden Fassung ist von der Binsenschneide, einer Sumpfpflanze, die früher zum Decken von Dächern verwendet wurde, nur an wenigen Stellen die Rede. Besondere Schutzmaßnahmen werden im Managementplan nicht vorgeschlagen, erst recht keine Absperrung der Badestelle. »Auch bei einem ersten Vorort-Termin«, sagt Matthias Rackwitz, »war von einer Sperrung keine Rede.« Er räumt allerdings ein, dass es von diesem Termin kein Protokoll gibt.

Zwei Jahre lang war dann am Karbuschsee alles wie immer. Die Bewohner von Groß Köris gingen, wenn es warm wurde, an ihr Paradies zum Baden, die Sonne schien immer länger, der Regen wurde immer weniger, ein Brandenburger Sommer halt an einem Brandenburger See. Dann kam der Sommer 2020, jener Sommer, in dem alle der Pandemie entfliehen und sich in den Brandenburger Paradiesen vom Lockdown erholen wollten. Schnell galt der Karbuschsee als Geheimtipp, auch für die Berliner. Nicht nur an der Badestelle drängelten sich die Menschen, auch die Forstwege, die zum See führen, waren mit Autos vollgestellt. Der Versuch, das Seeufer mit dem schützenswerten Schilf und der Binsenschneide mit Kiefernpfählen zu schützen, blieb erfolglos.

Im Sommer darauf eskalierte die Lage. In einem Schreiben listet die Untere Naturschutzbehörde (UNB) des Landkreises Dahme-Spreewald die Vorkommnisse am Karbuschsee auf: »Massive Verstöße durch illegales Parken«, »Befahren von Wald von bis zu 70 Pkws am Tag«, »Vermüllung und Verschmutzung im Bereich der Badestelle« durch bis zu 200 Badegäste täglich. Für die UNB war das der traurige Höhepunkt einer schon vorher festzustellenden »(Fehl-)Entwicklung bei der Nutzung der Naturbadestelle«. Den Antrag des Eigentümers, die Stelle zu sperren und den Zugang zum See einzuzäunen, hat die UNB dann »landschaftsschutzrechtlich genehmigt«.

Seitdem steht in Groß Köris die Frage im Raum, was mehr wiegt. Der Schutz einer seltenen Art wie der Binsenschneide? Das Gewohnheitsrecht der Anwohner, an der kleinen Sandbucht zu baden? Oder das Interesse des privaten Seenbesitzers, seine Ruhe zu haben? Und auch das spielt eine Rolle: Waren es am Ende verantwortungslose Badegäste, die Matthias Rackwitz und den anderen in der Gemeinde das Badevergnügen genommen haben? Der zuständige Direktor des Amtes Schenkenländchen sagt: »Da schlagen zwei Herzen in meiner Brust.« Natürlich verstehe er das Anliegen der Bewohner zu baden. Aber er sehe auch die massiven Schädigungen der Natur. »Die Leute bleiben nicht an der Badestelle, sondern weichen ins Schilf aus«, ärgert er sich. »Sie legen Decken über das Röhricht oder machen Lagerfeuer.«

Am Großen Treppelsee hat es keine Coronaexzesse gegeben, dafür ist er zu weit weg von Berlin. Nur ein paar Kinder haben gelärmt. Und dennoch stand da dieser Zaun. Inzwischen ist er wieder weg. An einem Runden Tisch, den der Amtsdirektor im Schlaubetal einberufen hat, konnte der Pächter des Campingplatzes überzeugt werden, dass Privateigentum auch verpflichtet.

Öffentlich zugänglich ist mein Paradies nun wieder, öffentliches Eigentum ist es nicht. Auch die Ufer an der Spree sind es nicht. Auch da tut sich das Land schwer mit dem Artikel 40 der Landesverfassung. Vor allem Ray Höpfner aus Trebatsch kann davon ein Lied singen. Nach der politischen Wende, so hat er es beobachtet, haben viele Gemeinden ihre kommunalen Grundstücke am Ufer verkauft. Seitdem ist der Zugang zum Wasser gesperrt. Handlungsbedarf sieht die Landesregierung nicht, sie verweist auf die Gemeinden, für die es eine »hinreichende Rechtsgrundlage« gebe, »einzelfallbezogen zu handeln«. Viele Gemeinden wiederum sehen sich vom Land im Stich gelassen und scheuen den Mehraufwand, den es bedeuten würde, ein Wegerecht über die Grundstücke zu legen.

Auch deshalb hat Ray Höpfner aus Trebatsch die Bürgerinitiative »Freie Ufer« gegründet. Deren Symbol sind keine Zäune, sondern blaue Kreuze. Warum sollten nicht auch die Besitzer von Wassergrundstücken akzeptieren, dass Erholungssuchende über ihr Grundstück spazieren, so wie jeder auch im Privatwald wandern darf, fragt er. Auf eines seiner Flugblätter hat er geschrieben: »Menschen sind Ufergucker«.

Sollte der Pächter des Badestrandes wieder auf die Idee kommen, am Treppelsee einen Zaun aufzustellen, werde ich zu Ray Höpfner nach Trebatsch fahren. Vielleicht hat er ja noch ein Kreuz für mich und mein Paradies übrig.

DAS LEBEN IST EINE RAKÄTE

Beeskow, Prädikow

Keine Ballade ist das, sondern ein Hämmern. Unerbittlich treibt der Rhythmus den Song voran, gäbe es einen Videoclip dazu, würde einer vielleicht die Treppe hochrennen und im anderen Gebäudeflügel wieder runter, würde mit dem Presslufthammer den Boden im Hof aufreißen oder eine Zwischenwand zertrümmern, die ohnehin keiner mehr braucht, weil hier alles bald anders sein wird. Das Leben ist eine Baustelle.

Ich bin immer unterwegs und / Ich hab' viel zu viel gesehen / Um alles zu verstehen / War oft weg, einfach abhauen / Mit dem Nachtzug nach Moskau / Heute weiß ich, ich will nur zu dir.

Das ist der Plan. Ankommen. Sesshaft werden. Doch schon im Refrain schleicht sich die Skepsis ein. Wird der Plan aufgehen? Werden alle mitziehen? Wie lange geht es gut?

Wie lang ist schon für immer? / Wie lang ist ein Leben lang? / Wie lang stehen die Uhren still / Wenn man nichts verpassen will?

Wie lang ist schon für immer ist ein Titel aus dem neuen Album *Nacht der Gewohnheit* der »Alex Mofa Gang«. Immer unterwegs zu sein, das traf zuletzt wieder zu im November und Dezember 2022, als die Berliner Punkrockband quer durch die Republik tourte. Berlin, Dresden, Köln, Hamburg, Kiel, Hannover, Nürnberg, Stuttgart. Neues Album, neues Glück. Zuvor aber gastierte die »Alex Mofa Gang« in Beeskow auf der Spreeinsel. Es war ein ganz besonderes Konzert, denn Thommy Kosslick, der Gitarrist der Band, ist in Beeskow in ein alternatives Wohnprojekt gezogen. *Heute weiß ich, ich will nur zu dir.*

»Das Festival in Beeskow war unser erstes Hallo sagen in der Stadt«, sagt Thommy ein halbes Jahr später. Es ist kalt im Erdgeschoss der ehemaligen Käte-Agerth-Förderschule, 17 Grad, mehr pumpt die Heizung nicht in die Rohre. Die oberen Etagen sind gar nicht beheizt. Am großen, runden Tisch von Kerstin und Maik Müller haben sich die Bewohnerinnen und Bewohner zur »Dienstberatung« eingefunden, wie sie ihre wöchentliche Zusammenkunft liebevoll ironisch nennen. An das »Prima-Marina-Festival« im Juli 2022 denkt nicht nur Thommy gerne zurück. »Für uns war es ein guter Einstieg, um zu zeigen: Wir sind da«, sagt Kerstin Müller.

Rakäte nennen die sieben Bewohnerinnen und Bewohner ihre Baustelle außerhalb der hübsch sanierten Altstadt. Abgelegen liegt das 26.000 Quadratmeter große Grundstück an der Lübbener Chaussee im Wald. Beim Radeln zum Ranziger See muss ich unzählige Male daran vorbeigekommen sein, ohne die ehemalige Schule bemerkt zu haben. Die Käte-Agerth-Schule half Kerstin, Maik, Thommy und den anderen auch bei der Namensgebung. 2020 ist die Rakäte gestartet, zwei Jahre später ist sie gelandet. Dazwischen lag eine lange Reise, die immer noch andauert.

Als Kerstin Müller mich im Herbst 2022 zum ersten Hoffest eingeladen hatte, fühlte ich mich zurückversetzt in längst vergangene Berliner Zeiten. Die Küche erinnerte mich an die Wohnprojekte, in denen ich selbst gelebt habe, die Ordnung dem Provisorium abgerungen, das Chaos gebändigt in langem Hin und Her. Kein eingerichtetes Leben, sondern ein

Versprechen auf eine Zukunft, die dann eintritt, wenn alles einmal saniert ist. Wann das sein wird, weiß keiner. Es ist ein Leben, bei dem die Koffer zwar ausgepackt sind, aber noch immer in der Ecke stehen, kann ja sein, dass man in der nächsten Woche ein Zimmer weiterziehen muss. Das Leben ist eine Baustelle, die Rakäte ist das Leben.

Auch auf dem Hof war vieles improvisiert. Rund um die Feuerstelle waren ein paar Bänke zusammengeschoben, in der Ecke ein Bierkasten, ein paar Lampions zum Zeichen der Gastfreundschaft. Kerstin und Maik waren da, Maxi, die Tochter der beiden, Thommy, ihr Lebensgefährte, Anna und Sascha und auch Ole. Wäre da nicht der Wald um die ehemalige Schule, hätte dieses Hoffest auch in einem Neuköllner Hinterhof stattfinden können. Oder in den Achtzigern in Kreuzberg. Doch die Rakäte in Beeskow wurde nicht besetzt, die Stadt hat sie an die Bewohnerinnen und Bewohner verkauft. Keine Hausbesetzer feierten da ihren Einstand, sondern frisch gebackene Immobilienbesitzer.

Thommy, der Gitarrist der »Alex Mofa Gang«, lebt nun nicht mehr in Berlin, sondern in Beeskow. Nur die Spree verbindet beide Welten noch miteinander. »Vermisst du Berlin«, frage ich ihn vor Beginn der »Dienstberatung«. »Nö, überhaupt nicht«, schüttelt er den Kopf und erzählt, wie er durch einen Zufall zum Beeskower wurde. »Eigentlich wollten wir zu Kerstin zu einem Grillabend. Auf dem Weg von Berlin raus sind wir an einer alten Backsteinschule vorbeigefahren, da meinte Ole, na, das wär's doch, so eine alte Schule, da haste Platz, kannste Wohnungen reinbauen und ein Tonstudio.« Beim Grillabend dann kommt Kerstin ins Spiel. »In Beeskow gibt es eine Schule, die steht leer, hat sie gesagt. Ein witziger Zufall. Dann sind wir hierher gefahren, und jetzt sind wir hier.«

Jetzt sind wir hier. Ein Satz mit vier Worten, der ein ganzes Leben durcheinanderbringen kann. Aber auch wieder ordnen. Ein neues Leben ist es dann. Auch ich habe das irgendwann gesagt, jetzt sind wir hier, und auch wir mussten nicht lange suchen. Nur zwei Wohnungen haben wir im Schlaubetal angeschaut. Die erste in Schernsdorf, unterm Dach eines Einfamilienhauses. Ortslage. Nachbarn auf Tuchfühlung. Die zweite dann das ganze Gegenteil. Das alte Bahnverwaltungsgebäude in Grunow, das die Vermieter bis zur Jahrtausendwende umgebaut haben. Fünf Wohnungen, viel Garten, viel Platz. Fast wie eine Landkommune, dachte ich damals. Nur eben kein Wohnprojekt wie die Rakäte, sondern ein normales Mietshaus auf dem Land.

Wir haben Glück gehabt, das wissen wir heute. Ein erstes Mal, als wir unser neues Zuhause gefunden haben, ein zweites Mal, als es verkauft werden sollte. Auf Facebook habe ich daraufhin einen Hilferuf gestartet. Unter ein Foto des Hauses und die Verkaufsannonce bei Ebay schrieb ich: »In diesem ehemaligen Bahngebäude von 1912 sind wir seit vier Jahren zuhause. Mit uns leben dort noch drei weitere Mietparteien. Die Dachgeschosswohnung ist frei. Nun steht das Haus zum Verkauf. Kennt wer jemanden, der sich das vorstellen kann? Nicht als Spekulant, sondern als fairer Vermieter oder faire Vermieterin? Wir sind in Grunow und im Schlaubetal heimisch geworden und wollen dableiben. Gerne teilen …«

Ein halbes Jahr später wissen wir: Die Aktion war erfolgreich. Ein Facebook-Freund, der den Post gelesen hatte, meldete sich beim Verkäufer, nun ist er unser Vermieter. Eine der wenigen Immobiliengeschichten mit Happy End. Als ich Kerstin beim Hoffest der Rakäte davon erzählte, nickte sie. Sie weiß, dass der Immobilienmarkt auf dem Land nicht einfach ist. Ja, es ist nicht so teuer wie in Berlin, und nein, es gibt nicht viel zu mieten. Entweder Dachgeschosswohnungen oder Einliegerwohnungen in Einfamilienhäusern in Dorflage. Oder aber Mietwohnungen in den LPG-Plattenbauten, die in fast jedem Dorf stehen. Wer mehr will, muss kaufen und viel Geld in die Sanierung stecken.

Wer mit vielen anderen »Jetzt sind wir hier« sagen will, wendet sich am besten an Philipp Hentschel. 2016 verliebte sich der damals 33-Jährige in Prötzel im Landkreis Märkisch-Oderland mit einer Gruppe Gleichgesinnter in einen der größten Vierseithöfe Brandenburgs. Leer stand der Hof Prädikow zu dieser Zeit, doch gerade deshalb beflügelte er die Fantasien. Mit Hilfe der Stiftung trias gelang es der Mietergenossenschaft Selbstbau aus Berlin, den Hof zu kaufen. Heute leben dort 60 Menschen. Hof Prädikow ist nicht nur eines der größten und erfolgreichen Landprojekte Brandenburgs, es ist auch der Sitz für das »Netzwerk Zukunftsorte«. Wer von Berlin aufs Land ziehen will, wird dort ebenso beraten wie Kommunen, die wissen wollen, wie sie ein leerstehendes Gebäude wiederbeleben und wem sie es anvertrauen können.

»Ich bin ein Kind des Speckgürtels«, lacht Philipp Hentschel, einer der Mitgründer des Netzwerks Zukunftsorte. Aufgewachsen ist er in Eggersdorf bei Strausberg. 15 Jahre lang lebte er in Berlin, als die Kinder kamen, zog es ihn wieder aufs Land. »Der mediale Hype ist inzwischen zwar vorbei«, hat er beobachtet, »der Trend ist aber ungebrochen.« Und eine der Schallgrenzen der Berliner Vertriebenenbewegung beginnt zu wackeln. Es ist die Entfernungsgrenze von einer Stunde. Nicht mehr nur in den Speckgürtel oder Städte wie Eberswalde und Erkner zieht es die Berlinerinnen und Berliner inzwischen, sondern auch ins Morgenland nach Ostbrandenburg.

Deshalb kennt Philipp Hentschel auch die Rakäte in Beeskow. Die bunte Truppe, die in die leere Schule gezogen ist, bringt seiner Meinung nach mit, was Mittelstädte und Dörfer im ländlichen Raum brauchen. »Wichtig ist, dass Leerstand und Brachflächen wieder in Nutzung gebracht werden«, sagt er. So sollen eine weitere Zersiedelung und der so genannte Donut-Effekt verhindert werden, demzufolge die Dorfkerne verfallen, während an den Rändern neue Einfamilienhäuser entstehen. Außerdem sollten die neuen Bewohner auf dem Land Erstwohnsitze errichten.

Tatsächlich haben all die Projekte, die sich zum Netzwerk Zukunftsorte zusammengeschlossen haben, gemeinsam, dass es keine Wochenendprojekte sind. Vielmehr bringen die Bewohnerinnen und Bewohner aus der Stadt ihre Arbeitsplätze mit aufs Land. Leben und arbeiten unter einem Dach. Was einmal die Erfolgsformel eines Berliner Kiezes und seiner Mischung war, ist nun das Erfolgsrezept der Brandenburger »Kreativorte«, wie sie manche nennen. Wochenendberliner produzieren stille Dörfer, die Zukunft auf dem Land ist dagegen manchmal laut.

Und was haben die Kommunen davon, dass es laut wird? »Entscheidend ist natürlich das Konzept«, sagt Hentschel. »Damit muss eine Gruppe die Stadt überzeugen, die eine Immobilien verkaufen will.« Nicht immer klappt das, mit der Gruppe nicht und auch nicht mit der Aufnahme im Dorf. Acht von zehn Projekten scheitern, weiß Hentschel. Manche scheiterten auch daran, dass die Gruppen »hochtrabende Ideen« haben, hinter denen am Ende wenig Substanz ist. Und die Kommunen? »In den Beratungen«, sagt Hentschel, »gehe es manchmal auch darum, herauszufiltern, wer zum Beispiel nur auf Grundstücke scharf ist und damit spekulieren und über uns einen Zugang haben will.«

Hentschel und die Beraterinnen und Berater des Netzwerks wissen, dass die Vergabe einer leeren Schule wie in Beeskow die Kommunen normalerweise vor einige Probleme stellt. »Ein Konzeptverfahren«, sagt er, »ist natürlich ein höherer Aufwand als ein Bieterverfahren, bei dem der Meistbietende den Zuschlag erhält. Und natürlich gibt es auch eine Unsicherheit im Verständnis solcher alternativen Verfahrensweisen.« Brandenburger Verwaltung trifft auf bunte Truppe. Und muss wegen der noch mehr arbeiten. »Wegen dieser Unsicherheit und auch, weil es wenig Erfahrung gibt«, sagt Hentschel, »wird das nicht so oft praktiziert. Das käme auf die ohnehin hohe Arbeitsbelastung in den Stadtplanungsämtern on top darauf.«

Um herauszufinden, wie die Kommunen fitter gemacht werden können für eine alternative Liegenschaftspolitik, hat das Netzwerk Zukunftsorte ein Forschungsprojekt mit der Stadt Angermünde durchgeführt. »Die Fragen waren: Wie gehen die Kommunen mit ihren Liegenschaften um? Wie werden sie veräußert? Und warum werden bisher Konzeptverfahren wenig angewendet?«, sagt Hentschel. »Wir sehen inzwischen, dass sich immer mehr Bürgermeisterinnen und Bürgermeister damit auseinandersetzen und zumindest Interesse zeigen.«

In Beeskow brauchte es kein aufwändiges Verfahren, um aus der Käte-Agerth-Schule die Rakäte zu machen. Ohne Kerstin Müller hätten Thommy, Maxi und Ole nicht von der leerstehenden Schule in der Lübbener Chaussee erfahren. Seit vielen Jahren arbeitet die Bauingenieurin als Sanierungsbeauftragte für Beeskow und als Altstadtmanagerin, organisiert den Weihnachtsmarkt und kümmert sich um Denkmalfragen. Nicht nur für die Rakäte-Leute war Kerstin ein Glücksfall, sondern auch für Beeskow. Um die Problemimmobilie wieder zu beleben, brauchte es nur eine kurze Nachfrage beim Kämmerer sowie eine Vorstellung des Konzeptes bei den Beeskower Stadtverordneten. »Die Sitzung haben wir wegen Corona über Videocall gemacht, wir haben das Projekt vorgeschlagen, und alle haben zugestimmt«, sagt Kerstin. »Am 29. Dezember 2021 haben wir dann beim Notar gesessen.« Der Aufwand für die Stadt, sagt sie, »war natürlich geringer, als wenn die da ein Konzeptverfahren gemacht hätten.«

Der Aufwand für die Raumfahrer von Beeskow ist dagegen enorm. Die Förderschule, die 1976 eröffnet wurde, ist eine Typenschule des Modells »Erfurt TS 66« und hat keinen allzu guten Ruf unter Bauleuten. Schlechter Beton, kaum Dämmung, auch die Belastung der Decken ist begrenzt. »Vom Garten auf dem Dach, den wir uns am Anfang gewünscht hatten, mussten wir wieder Abstand nehmen«, sagte Maik Müller bei einem Rundgang durch die Schule während des Hoffestes im Oktober. »Wären 1995 nicht alle 264 Fenster ausgetauscht worden, hätten wir die Sanierungskosten nicht stemmen können.«

Seitdem ist das Leben der sieben tatsächlich eine Baustelle. »Bis wir unsere Kredite abbezahlt haben, ist Scheitern nicht erlaubt, wir sind zum Erfolg verdammt«, lacht Anna, die mit Sascha von Köln nach Beeskow gezogen ist. Das Projekt hatte sie über die Plattform »Bring together« gefunden. Von Beeskow hatte sie zuvor nie gehört. Doch eine Baustelle kann auch zusammenschweißen. »Seitdem sind wir wie eine Familie«, lacht sie.

85.000 Euro hat die Stadt für das Grundstück verlangt. Der geforderte Abriss des benachbarten Wohnheims wird noch einmal 147.000 Euro zusätzlich kosten. Dazu kommen die Sanierungskosten, für die jede Partei 150.000 Euro Kredit auf-

genommen hat. Eine Luxussanierung wird es in der Rakäte nicht geben. »Dafür haben wir hier viel Raum«, schwärmt Anna. 170 Quadratmeter für jede Partei, variabel gestaltbar, dazu noch der hintere Flügel der Schule, in den ein Café, Kerstins Töpferei und ein Tonstudio ziehen sollen. »Das war auch ein bisschen Thema beim Kaufvertrag, dass wir Wohnen und Kultur machen«, sagt Kerstin. Und um all das herum der Hof, der Wald, die nahe Spree, der Ranziger See.

»Und mittendrin in diesem Chaos«, heißt es in einem Song von Thommy Kosslick und der »Alex Mofa Gang«, »ist meine Welt in Ordnung.«

NICHTS WIE WEG?

Trebatsch, Australien, Cottbus

»So viel ist gewiss, dass wir drei bis vier Jahre auf Wanderfüßen bleiben und uns Europa nicht genügen wird«, schreibt der Sohn aus Paris an seinen Vater in Trebatsch an der Spree. »Wir haben den Plan, entweder nach Nordafrika, nach Ostindien oder Australien zu gehen.«

Der Vater ist, wie sich denken lässt, wenig begeistert von den Plänen des Sohnes. In Trebatsch hat er sich eine bescheidene Existenz aufgebaut, er war als Torfstecher angestellt worden, um die Sümpfe am Ausgang der Spree in den Schwielochsee trockenzulegen. Die Bildung seiner Kinder war ihm gleichwohl wichtig gewesen. Also schickte er auch den Jüngsten in die Lehre zu Pastor Bödelius im nahen Zaue, auf dass er dort vorbereitet werde für das Gymnasium an der Oberkirche in Cottbus.

Doch statt eine Lehrerstelle anzutreten, wird der Sohn flügge, studiert zunächst an der Berliner Universität Philosophie und alte Sprachen, widmet sich dann in Göttingen den Naturwissenschaften, bricht auf nach London, wo er einen Gefährten (fast) fürs Leben kennenlernt und bereitet sich mit ihm vor auf die erste große Expedition. »Wir bleiben hier bis zum künftigen Mai«, schreibt er am 21. Oktober 1837 an den Vater in der heimatlichen Mark, »und gehen den darauffolgenden Juli nach Paris und dann, wenn die Umstände günstig sind, an die Küste des Mittelländischen Meeres.«

Nichts wie weg also, am liebsten dorthin, wo noch keiner war. Nach seiner Italienreise bricht Ludwig Leichhardt zu einem Kontinent auf, von dem er nie wieder ins heimische Trebatsch zurückkehren wird. In Australien wird Leichhardt seitdem als Entdecker verehrt, in Sydney ist ein Stadtteil nach ihm benannt, im Osten des Kontinents ein Distrikt. Leichhardt ist allgegenwärtig in *Down Under*, nur in Deutschland hat ihm Alexander von Humboldt die Show gestohlen. Ob es also Sinn macht, ihn als »australischen Humboldt« auch hierzulande bekannt zu machen?

Das Buch, in dem die Briefe von Ludwig Leichhardt an seine Familie abgedruckt sind, habe ich durch einen Zufall in die Hände bekommen. Beim Dorffest in Grunow habe ich es im Sommer 2022 in der Bücherscheune entdeckt. Regina und Klaus Schuster betreiben ihren Büchertausch seit 2013 in ihrer eigenen Scheune in der Hauptstraße. Wenn in Grunow Dorffest ist, ziehen sie in die renovierte Gemeindescheune um. Dort sah ich in einer Kiste das Buch von Heinz Haufe über ein »deutsches Forscherschicksal«. *Entdeckungsreisen in Australien* heißt der Titel, erschienen ist er 1973 im Verlag der Nation. Schnell hab ich einen Fünf-Euro-Schein in die Spendenbüchse gesteckt, und seitdem beschäftigt mich die Frage, warum einer aufbricht aus seiner Heimat, alle Zelte abbricht, um einer ungewissen Zukunft auf einem damals noch zu drei Fünfteln unbekannten Kontinent entgegenzueilen.

Fast zweihundert Jahre, nachdem Ludwig Leichhardt 1829 nach Cottbus ging, um dort auf dem Gymnasium Michaelis an der Oberkirche das Abitur abzulegen, mache auch ich mich auf den Weg. Zum 200-jährigen Geburtstag des Australienforschers wurde 2013 der Leichhardt-Trail ins Leben gerufen, und ihm will ich an diesem Oktobertag 2022 folgen. Nicht zu

Fuß, wie es der Gymnasiast das eine oder andere Mal getan hat, sondern auf dem Fahrrad. Von Trebatsch führt der Weg über die Marienkirche in Zaue, in der einst der Pastor Bödelius wirkte, nach Goyatz an der Hoffnungsbay, dem Hafen von Berlin und Cottbus, und weiter nach Mochow. Von dort geht es auf der alten Cottbuser Straße nach Byhlen und Byhlegure, da sind wir schon im Spreewäldischen, um schließlich in Fehrow die Spree zu queren und nach knapp 60 Kilometern in Cottbus an der Oberkirche anzukommen. Dort befindet sich seit 2013 ein Denkmal. Auf dem Sockel steht über der Statue Leichhardts: »Naturwissenschaftler und Australienforscher. Geboren am 23.10.1813 in Sabrodt/Trebatsch. 1824–1831 besuchte er das Cottbuser Gymnasium. 1848 verschollen bei der Durchquerung Australiens«.

Um es vorwegzunehmen: Auf dem Leichhardt-Trail bin ich der Antwort auf meine Frage nicht nähergekommen. Das Museum in Trebatsch hatte geschlossen, Besichtigung nur nach Anmeldung, ein anderes gibt es nicht. Auch in den Buchhandlungen in Cottbus keine Spur des australischen Humboldts. Stattdessen sind die Regale voll mit Büchern über den Fürsten Pückler, den großen Reisenden und Erdbeweger aus Bad Muskau.

Unterwegs in Goyatz aber wusste ich, dass ich mich nicht umsonst aufgemacht hatte. Eine Stele im See sah ich vor mir, sie stammt von der australischen Künstlerin Sue Hayward. »Meine Beobachtungen zur historischen Gestalt Leichhardts sind nicht wissenschaftlicher, sondern emotionaler Natur«, wird Hayward auf der Erklärtafel am Ufer des Schwielochsees zitiert. »Mich interessieren die inneren Kräfte, die die Menschen dazu bringen, ihre Heimat zu verlassen und sich den Extremen zu stellen.«

Warum verlässt man seine Heimat? Warum habe ich sie verlassen? Was hatte mich bewogen, vor 40 Jahren das verschlafene Filstal am Fuße der Schwäbischen Alb hinter mir zu lassen und nach Berlin zu ziehen? Welche »inneren Kräfte« waren da am Werke? Das kann wohl jeder nur selbst beantworten.

Ein Plan wie bei Leichhardt steckte zumindest nicht dahinter. Tübingen, Heidelberg, Freiburg, das waren die Universitäten, die ich bei meiner Bewerbung angegeben hatte, doch die Zentrale Vergabestelle für Studienplätze schickte mich an die Freie Universität nach West-Berlin. Es war ein Schock. Nichts wie weg, okay, aber doch nicht so weit!

Angekommen in der Ferne, hielt der Schock an. Eine fremde Welt, eine unbegreifliche Stadt, ein anderes Tempo. Dennoch bin ich geblieben. Denn Berlin war nicht nur fremd, es war auch anders. Offen statt eng war es, rau, aber ehrlich statt hintenrum freundlich. In Berlin konnte man ausprobieren, statt auf den immer gleichen Pfaden zu wandeln. Vielleicht war Berlin ja mein Australien.

Erst in Berlin habe ich erfahren, dass Baden-Württemberg seit jeher eine Auswandererregion gewesen war. Von Ulm aus waren im 18. Jahrhundert die Donauschwaben nach Österreich-Ungarn gezogen. Diesen »Schwabenzügen« folgten nach der gescheiterten Märzrevolution 1848 die liberalen Schwaben und Badener, die es über den Atlantik in die Neue Welt zog, wo man sie als Forty-Eighter bezeichnete. Schließlich die Studentenbewegung und die sozialen Bewegungen der sechziger, siebziger und achtziger Jahre. Wie oft habe ich gescherzt, dass die Schwaben in West-Berlin nach den Türken die zweitstärkste Einwanderergruppe bildeten.

Die Region zwischen Oder und Spree war nicht nur ein Zufluchtsort für Glaubensflüchtlinge und Hugenotten, die in Preußen »nach ihrer Fasson« glücklich werden konnten. Brandenburg war auch eine Region, aus der man fortging, vor allem nach der Wende, und nur wenige kehrten wieder zurück. 800.000 Menschen haben das Land zwischen 1992 und 2015 verlassen. Inzwischen kommen aber mehr Menschen in die Region als von dort wegziehen. Manche von ihnen sind auch Rückkehrer. Ludwig Leichhardt war eine solche Rückkehr nicht vergönnt. Bis heute weiß keiner, woran seine letzte Expedition 1848 scheiterte und wo er verschollen ist.

Nichts wie zurück, statt nichts wie weg? Für mich wäre es keine Option. Die Region, aus der ich komme, scheint mir immer noch eng, verschlafen und nur hintenrum freundlich. Brandenburg dagegen hat sich verändert, selbst im Osten des Landes, der von vielen, auch Brandenburgern, lange als besonders verschnarcht belächelt worden war. Anders als zwischen Schwaben und Berlin herrschen zwischen Berlin und Brandenburg keine unüberbrückbaren Gegensätze. Ich kann in der Region das eine haben, ohne auf das andere verzichten müssen. Mein Australien ist größer geworden, kein Kontinent zwar, aber doch so groß wie zwei Bundesländer, die nicht nur geografisch zusammengehören. Und verschollen bin ich auch nicht in der Weite der Mark.

Die Marketingleute in den Rathäusern setzen auf diesen Imagewandel, er ist das Pfund, mit dem sie wuchern, weil sie wissen, dass Rückkehr keine Niederlage sein muss, sondern auch Aufbruch bedeuten kann. Also werden überall Rückkehrer-Programme gezimmert und Welcome-Back-Packages geschnürt. Längst ist die Lage auf dem Arbeitsmarkt kein Hindernis mehr für die Rückkehr derer, die einst, wie Leichhardt, nichts wie wegwollten. Die Kampagnen heißen »Guben tut gut«, »Freiraum Ruppiner Land« oder »Comeback-Elbe-Elster«. Manche tragen etwas dick auf wie »Finde das Leben« in Brandenburg an der Havel. Andere richten sich eher an ein Social-Media-affines Publikum wie @see im Oderland. Sogar Selbstironie ist manchmal im Spiel wie bei der »Calauer Rückrufaktion«. Auffällig ist, dass bei der Auflistung der einzelnen Initiativen auf der Seite des Fachkräfteportals Brandenburg die Lausitz besonders oft vorkommt. In Spremberg haben Rückkehrerinnen und Rückkehrer sogar einen Stammtisch ins Leben gerufen. »Heeme fehlste!« heißt er.

Nicht nur Rückkehrerinnen und Rückkehrer werden in den Rathäusern umworben, sondern mehr und mehr auch stadtmüde Berlinerinnen und Berliner. Den Anfang hatte 2020 Wittenberge an der Elbe gemacht. »Summer of pioneers« hieß das Experiment, das erstmals ein Probeleben in der Provinz erlaubte. Zahlreiche andere dieser Pioniersommer folgten, der jüngste von ihnen fand 2022 in Herzberg im Landkreis Elbe-Elster statt. »Die Lausitz ist im Wandel. Der Ausstieg aus der Kohleindustrie bedeutet einen Neuanfang für die Region. Mit eurer Hilfe wird aus dem Umbruch nun ein Aufbruch«, heißt es im Aufruf, mit dem für das zweite Halbjahr 2022 20 Kreative gesucht wurden.

Ein »Rundum-Sorglos-Paket« bot ihnen die Kreisstadt von Elbe-Elster, »bestehend aus einer möblierten Wohnung mit Internet sowie kostenlosem Zugang zu einem eigens dafür eingerichteten Coworking Space«. – »Wir sind der Überzeugung, dass die wirklich spannenden Zukunftsentwürfe momentan eher in den ländlichen Räumen zu finden sind – vorausgesetzt, die Rahmenbedingungen stimmen«, warb die Stadt für sich. »Dazu zählen aufgeschlossene Bürgermeister:innen, eine Willkommenskultur, Gestaltungsmöglichkeiten und eine hohe Lebensqualität. All das und noch viel mehr bietet Herzberg (Elster).«

Das war die Idee. Und die Realität? Acht der 20 Pioniere wollen in Herzberg bleiben. Eine ähnliche Quote hatte es in Wittenberge gegeben. Im Jahr 2023 soll das Projekt fortgesetzt werden. Und was treibt die Menschen aus der Stadt in die Provinz? Ein Neuköllner, der an einem ähnlichen »Summer« in Hessen teilgenommen hat, sagt es so: »Vielleicht kommt der Wunsch aufs Land zu gehen auch daher, dass es solche Lebensmodelle in der Stadt nicht mehr gibt, weil es die Räume nicht gibt und weil es zu teuer ist.«

Natürlich ist es eine hypothetische Frage. Wäre Ludwig Leichhardt, wäre er knapp zweihundert Jahre später geboren, ebenfalls aufgebrochen? Oder hätte er das Neue, das Unbekannte, das ihn erst nach Paris, dann nach London und Italien und schließlich nach Australien getrieben hat, auch im Osten Brandenburgs finden können? Dort blühen zwar keine Zitronen, aber Milch und Honig fließen schon. Davon sind zumindest jene 80.100 Zuzügler überzeugt, die im Corona-Jahr 2020 nach Brandenburg zogen. Der Wanderungsgewinn gegenüber Berlin lag bei satten 20.400. Erstmals war die märkische Provinz attraktiver als die Metropole. Selbst in den berlinfernen Regionen wie Ostbrandenburg betrug der Wanderungsgewinn gegenüber Berlin noch 5.500 Zuzügler.

Auch Sandra Langhof-Siewert ist in Statistiken wie diese eingegangen. »Ich komme aus einem Dorf bei Finsterwalde«, sagt die 42-Jährige. Von dort hatte sie sich einst aufgemacht, in die Ferne wie Leichhardt, nur nicht so weit. Rheinland statt Australien. Der Liebe wegen. Nach dem Job in Leipzig nun die neue Arbeit in Köln, später in Bonn. Insolvenzkanzlei, dann Wechsel in die Verwaltung. Fördermittel. Alles hatte gepasst, Sandra Langhof-Siewert fühlte sich gut aufgehoben im Großraum Köln-Bonn, aber plötzlich war da dieser Gedanke. Was, wenn ich zurückkehre? Wie werden sie mich aufnehmen in der alten Heimat?

Vielleicht hätte sich die Frage nie gestellt, wenn ihr Mann, der aus Nordrhein-Westfalen stammt, noch berufstätig gewesen wäre. Doch er ging in den Ruhestand. Hinzu kam, dass im Dorf bei Finsterwalde im Elternhaus Platz war. Ein Fenster der Möglichkeit, sagen sie im Englischen. Sandra Langhof-Siewert hat es genutzt.

Wir sitzen im Foyer des Startblocks B2 am Campus der Brandenburgischen Technischen Universität in Cottbus. Um uns herum lärmen Jugendliche, gleich dürfen sie rein ins Herzstück der ehemaligen Schwimmhalle, aus der die Cottbuser Wirtschaftsfördergesellschaft ein Gründerzentrum gemacht hat. Vor allem die 3D-Drucker sind eine Attraktion für die Jugendlichen, sagt Langhof-Siewert, die vor unserem Treffen im Besprechungsraum des Startblocks bei einer Beratung der Wirtschaftsregion Lausitz war.

Wie viele der Jugendlichen werden in Cottbus bleiben? Wie viele werden sich auf den Weg machen und wieder zurückkehren? Heeme fehlste? Fehlte Sandra Langhof-Siewert auch in Finsterwalde? Sie lacht und erzählt, wie oft sie zu hören bekommen habe: Schön, dass du wieder da bist. »Aber inzwischen haben alle Familie, der Freundeskreis hat sich ohne mich neu sortiert«, sagt sie. »Ich bin anders zurückgekommen, als ich weggegangen bin. Es ist innen und außen nicht mehr dasselbe wie damals.«

Zwischen Rückkehrerromantik und Rückkehrerrealität klafft eine Lücke. Auch beim Thema Jobs. »Ich habe es mir einfacher vorgestellt, einen guten Job zu finden«, räumt sie ein. Immer wieder sei von Fachkräftemangel die Rede. Dazu all die Projekte, die die Lausitz mit den Fördermitteln auf die

Beine stellen will. »Ich dachte, ich könnte mir meinen Job aussuchen.« Doch die Jobs, die auf dem Markt waren, waren nicht gut bezahlt. »Wenn man im Westen gearbeitet hat und sich finanziell nicht verschlechtern möchte, reduziert sich die Auswahl enorm. Vergleichbare Stellen sind deutlich schlechter vergütet. Das ist demotivierend, und ich empfinde es immer noch als ungerechtfertigt.«

In Cottbus heißt das Rückkehrerprogramm »Boomtown Cottbus«. Sandra Langhof-Siewert hat davon zunächst nicht viel mitbekommen. Doch dann fand sie den Job, der zu ihr passte. Sie arbeitet beim Lausitzbeauftragten des Ministerpräsidenten des Landes Brandenburg und ist nah dran am Strukturwandel. Das Wort Rückkehrerin mag sie dennoch nicht besonders. »Das klingt so endgültig«, überlegt sie. Es könne ja auch sein, dass es mit der Rückkehr nicht bis ans Lebensende klappt. »Der Rückzug in die alte Heimat ist eine Etappe. Ich will mir auch nach der Rückkehr alle Optionen offenhalten. Auch die, dass ich wieder weggehe.«

KRASSE STADT IM AUFBRUCH

Cottbus, New York

Die Schlote rauchen noch, doch der, der die Kohle aus der Erde holt, schaut nicht zu den Schloten, sondern in die Ferne mit geöffnetem Mund, als würde er staunen. In die Hocke ist er gegangen, hockt nahe der Erde, die ihn nährt und die er doch zerstört. Einen Helm trägt er, doch den wird er, wie es aussieht, bald absetzen.

Vielleicht wird er gleich aufstehen, heraustreten aus dem Filmplakat, und seinen Schauspielerberuf tauschen gegen den eines Musikers. Denn nicht nur Gerhard Gundermann war im Nebenberuf Musiker. Auch Alexander Scheer ist es, der in Andreas Dresens wunderbarem Kinofilm den Gundermann spielt.

»Gundermann hat das Revier geschaffen, das heute abgewickelt werden soll«, sagt Dresen an einem regnerischen Dezemberabend im Cottbuser Dieselkraftwerk. »Mit dem Kopf in den Wolken, stand er mit den Stiefeln tief in der Braunkohleerde.« Zwölf Jahre lang habe er darum gekämpft, das Leben des singenden Baggerfahrers verfilmen zu können, verrät der Regisseur, der mit »Nachtgestalten« und dem Frankfurt (Oder)-Film »Halbe Treppe« seinen Durchbruch feierte und seitdem mit Filmen wie »Wolke 7«, »Sommer vorm Balkon« oder »Halt auf freier Strecke« zeigt, dass er zu den vielseitigsten Regisseuren des deutschen Gegenwartskinos gehört. Und dann schlägt Dresen ganz plötzlich einen Bogen in die

Gegenwart. Im Januar, sagt er, stehe er mit Alexander Scheer im Cottbuser *Gladhouse* auf der Bühne. Nicht nur der Baggerfahrer und sein Darsteller waren und sind im Nebenberuf Musiker, auch ihr Regisseur ist es.

Dresen hat einen Bogen in die Gegenwart geschlagen, die Veranstalter des Gewerkschaftsabends »Aufbruch Lausitz – Nutze Deine Chancen« im Dieselkraftwerk, das zum Brandenburgischen Landesmuseum für moderne Kunst (BLMK) gehört, blicken dagegen zurück. Was können Jugendliche, die mitten in den größten Umbruch hineinwachsen, den Cottbus und die Lausitz seit Jahrzehnten erleben, aus der Vergangenheit lernen? Was sind ihre Wünsche und Hoffnungen, was ihre Forderungen an die Politik?

An diesem Abend ist auch der neue Hoffnungsträger von Cottbus ins Dieselkraftwerk gekommen. Bei der Stichwahl am 9. Oktober 2022 hat der SPD-Kandidat Tobias Schick der AfD den Triumph vermasselt, das erste Rathaus einer deutschen Großstadt zu erobern. Fast 70 Prozent holte der 42-Jährige, seitdem redet man über Cottbus nicht mehr so sehr als Hochburg der Rechtsextremen, sondern von einer Stadt im Aufbruch.

Die 50 Elftklässler hängen an den Lippen ihres OB, als der auf die Frage nach einer Technoparty im Rathaus lächelnd antwortet: »Da fallen mir nicht so viele Gründe dagegen ein. Ich werde das also prüfen lassen.« Ohnehin ist Schick mit dem Versprechen angetreten, in Cottbus das Amt eines »Nachtbürgermeisters« installieren zu wollen. »Grade, was das Feiern angeht, habt ihr in den letzten Jahren auf vieles verzichten müssen«, sagt er den jungen Leuten.

Nächste Frage: Warum sollen wir uns einen Film wie Gundermann anschauen, ist das nicht eine olle Kamelle? Andreas Dresen antwortet: »Wenn ich mich mit Geschichte beschäftige, dann nicht aus einer Nostalgie oder Ostalgie heraus, sondern um etwas für die Zukunft zu lernen.« Natürlich gebe es da auch Brüche und Widersprüche, aber auch Gundermann war widersprüchlich, erzählt Dresen. »Er war gegen die Ausbeutung der Natur, obwohl er als Baggerfahrer maßgeblich an dieser Ausbeutung beteiligt war.«

Je länger die Fragerunde dauert, desto hellhöriger werde ich. Der Strukturwandel, der sich sonst so gerne mit Superlativen schmückt, ist plötzlich mit Händen greifbar. Die jungen Leute im Dieselkraftwerk sind die Lausitz von morgen. Aufrichtig sind die Fragen der Jugendlichen, aufrichtig auch die Antworten, selbst als am Ende doch etwas Pathos im Spiel ist. Den meisten Applaus bekommt Schick, als er sagt: »Hier wird es abgehen.« Seit diesem Abend ist mir um die Zukunft von Cottbus nicht mehr bange.

Dabei habe ich selbst lange gezweifelt. Berlin ist arm, aber sexy. Was ist Cottbus? Arm und voller Wut? Wer sollte in diese krasse Stadt kommen und sie wachküssen? Natürlich könnte mir das egal sein. Aber Cottbus ist nicht nur die Stadt, in der meine Frau geboren ist. Es ist auch so, dass mich Städte mit Brüchen und Narben fast magisch anziehen. Gegenüber anderen habe ich Cottbus immer verteidigt. Meine Zweifel behielt ich für mich.

Einen dieser Zweifel könnte man den Sachsen-Effekt nennen. Immer wieder berichten Firmen aus Sachsen, wie schwierig es sei, qualifizierte Fachkräfte zu finden. »Ist Dresden sicher?«, fragen die einen, die anderen kündigen, kaum haben sie angefangen. Eine Hochburg der Rechtsextremen ist nicht gut fürs Image. Und auch nicht für die Wirtschaft.

Was, wenn es diesen Effekt auch in Cottbus gibt? Wenn sich keiner auf die 7.000 Jobs bewirbt, die mit dem Strukturwandel entstehen sollen? Was, wenn Cottbus seine Riesenchance vergeigt? Spielt das der AfD nicht doch noch in die Hände? Nach der Veranstaltung im Dieselkraftwerk habe ich verstanden, dass das die falsche Frage ist. Die richtige lautet: Wie viele nehmen wir mit auf den Weg in die Zukunft? Nur die fast 70 Prozent, die gegen die AfD gestimmt haben? Oder auch ein paar mehr?

Noch ist vom Versprechen »Strukturwandel« nicht viel zu sehen. Wer vom Hauptbahnhof Richtung Innenstadt geht, sieht zwar die Hülle des künftigen ICE-Werkes, in dem bald schon 1.200 Menschen Züge warten und reparieren werden. Dafür gab es eine Milliarde Euro an Fördermitteln. Doch die anderen Leuchtturmprojekte stehen bislang nur auf dem Papier. Der Lausitz Science Park auf dem Gelände des ehemaligen Flugplatzes zum Beispiel, auf dem sich nach dem Vorbild der Wissenschaftsstadt Adlershof Hightech-Firmen ansiedeln sollen. Der Aufbau einer Hochschulmedizin im Carl-Thiem-Klinikum, in dem meine Frau geboren wurde. Oder der Ostsee nahe des abgebaggerten Dorfes Lakoma, der einmal der größte künstliche See Deutschlands werden soll.

All diese Projekte werden mit den 6,7 Milliarden Euro gefördert, die über den Bund ins Brandenburger Kohlerevier fließen. Weitere 3,6 Milliarden verteilt das Land über sein »Lausitzprogramm 2038« in einem mehrstufigen Werkstattverfahren. Auf diese Weise bekommt etwa der Branitzer Park in Cottbus, in dem sich unter einer Pyramide die letzte Ruhestätte des Fürsten Pückler befindet, eine Baumuniversität. Mit dem Kopf in den Wolken und mit den Füßen noch immer nicht auf der Erde?

Dass das mit der Sichtbarkeit ein Problem sein könnte, hat auch die Landesregierung erkannt. Kurz vor Neujahr startete die Staatskanzlei eine Imagekampagne mit der Überschrift »Die Lausitz. Krasse Gegend«. Auf der Website, die zur gleichen Zeit lediglich aus einem Deckblatt bestand, war zu lesen: »Krass. Noch nichts da. Aber bald ;-)«. Peinlich, dachte ich im ersten Moment, im zweiten war ich mir nicht mehr sicher. War das vielleicht sogar krass gut? Baden-Württemberg kann alles außer Hochdeutsch. Brandenburg spannt uns mal wieder auf die Folter?

Also Augen auf und umgeschaut. Vielleicht sind Spurenelemente der Zukunft schon nachzuweisen. Von der Innenstadt mache ich mich auf den Weg dorthin, wo das neue Cottbus einmal landen könnte. Es ist der ehemalige Flugplatz, der Landeplatz des Science-Parks.

Der Fußweg dahin führt allerdings durch mein Zweifel-Cottbus. Längst verblasst ist der Liebreiz des Altmarktes hier, nichts glänzt mehr vom Feuerwerk des Jugendstils rund um das Staatstheater. In der Lieberoser Straße reihen sich Plattenbauten und *Lost Places* aneinander, wie an der »Stadtpromenade« mitten im Zentrum. Dann aber wird das zerrissene Stadtgewebe abgelöst von einer Reihe hübsch sanierter Stadtvillen. Schließlich liegt er vor mir, der innerstädtische Campus der Brandenburgischen Technischen Universität BTU. Rechts die markanten Neubauten aus Glas zwischen Universitätsstraße und Konrad-Wachsmann-Allee, links das ehemalige Schwimmbad, in dem der Startblock B2, das Gründerzentrum der Cottbuser Wirtschaftsförderung, untergebracht ist. Aus Universitätssicht ist der Startblock der Endpunkt des Campus. Aus der Vogelschau der Zukunft ist er ihr Beginn.

Für das Dazwischen braucht es viel Vorstellungskraft. Über die Dahlitzer Straße gehe ich Richtung Flugplatzgelände, vorbei an unzähligen Garagen, von denen eine zum

Verkauf steht für 2.500 Euro, obwohl die Garagenstadt dem Science-Park weichen muss, dann stehe ich plötzlich vor sowjetischen Kampfjets. Vor mir erstreckt sich auf einem weitläufigen Gelände das Cottbuser Flugplatzmuseum, eine von einem Verein getragene Einrichtung mit dem Charme eines Friedhofs für ausrangiertes Fluggerät. In einem Hangar, in dem die Geschichte der Fliegerei ausgestellt ist, mache ich allerdings eine unerwartete Entdeckung. Cottbus war der Schauplatz einer Pioniertat, die noch nicht einmal hundert Jahre her ist und doch vergessen zu sein scheint.

Ohne Bordkompass und ohne passables Kartenmaterial war am 4. Juni 1927 ein gewisser Clarence D. Chamberlin mit seinem Begleiter Charles Levine in einer Wright-Bellanca WB-12 mit dem Namen »Miss Columbia« von New York gestartet. Sein Traum war es, den Atlantischen Ozean zu überqueren und in Berlin zu landen. Vor Chamberlin hatte bereits Charles Lindbergh die Atlantiküberquerung geschafft. Eine Landung in Berlin hätte den Rekord Lindberghs, der in Paris gelandet war, um mehr als tausend Kilometer übertroffen.

Soweit der Plan. Wegen der fehlenden Karten verflog sich Chamberlin allerdings im deutschen Luftraum und musste in Eisleben notlanden, um Benzin nachzutanken. Weil die Benzinpumpe defekt war, kippte er das Benzin mit einer Thermoskanne in den Tank. Danach ging es weiter bis zur nächsten Notlandung in Klinge bei Cottbus. Dort brach ein Propeller ab und musste ersetzt werden. Auch Pioniere müssen manchmal improvisieren.

»Und jetzt endlich kam Cottbus zum Zuge«, berichtete zum 90. Jahrestag des Ereignisses der *Lausitzer Wochenkurier*: »Oberbürgermeister Dr. Erich Kreutz wusste, was er zu tun hatte: Presse mobilisieren, Flieger und Flugzeug nach Cottbus holen, Ehrungen und Feiern organisieren, Telegramme in die Welt schicken.«

Hundert Jahre vor »Die Lausitz. Krasse Gegend« waren also schon mal Marketingprofis unterwegs in Cottbus. Das Trommeln hatte Erfolg. »Pfingstmontag 1927 waren die Stadt Cottbus und ihr Flugplatz Thema in der Weltpresse«, berichtet der *Wochenkurier*. »Depeschen wurden mit US-Präsident Calvin Coolidge und dem New Yorker Bürgermeister Jimmy Walker ausgetauscht. Die beiden Flieger erlebten den Empfang im Hotel Ansorge, die Festsitzung der Stadtverordneten, eine Konfetti-Parade auf dem Altmarkt, die Verleihung der Ehrenbürgerschaft und die Eintragung ins Goldene Buch.«

Cottbus hatte eine Chance, und Cottbus hat die Chance genutzt. Vom Atlantikflug »New York – Cottbus – Berlin« war plötzlich die Rede. Mit einer Postkarte, die im Flugplatzmuseum ausgestellt ist, bedankt sich der plötzliche Held der Lausitz später für den freundlichen Empfang. »Die Aufnahme in Cottbus war wunderbar«, schrieb Chamberlin. »Das Stadtbild ist sehr schön.«

Warum ist davon heute keine Rede mehr? Warum erinnert nur das in die Jahre gekommene Museum mit seinem Flugzeugfriedhof an die Episode? Warum war Berlin da schlauer und hat der »Miss Columbia« einen Straßennamen spendiert, den Columbiadamm? Waren sich die Cottbuser, so schnell sie auch ihre Chance beim Schopf ergriffen hatten, zu unsicher, waren sie vielleicht doch zu provinziell?

In seinen Erinnerungen berichtete Chamberlin später davon, wie der »Oberbürgermeister von Cottbus, Herr Kreutz, den Bürgermeister von Klinge im Begrüßungskomitee geschickt aus dem Bild bugsierte, um den alleinigen Ruhm zu ernten«.

Ein Gespür für Bilder alleine reicht nicht, um den Kopf in den Wolken fest mit dem Boden zu verbinden. Davon kann auch Ulrike Kremeier eine Geschichte erzählen. 2012 kam die in Lindau am Bodensee geborene Kunsthistorikerin aus dem französischen Brest nach Cottbus. Seitdem leitet sie das Dieselkraftwerk, in dem zehn Jahre später die Jugendlichen ihre Fragen zum Strukturwandel stellen. An ihre Anfangszeit erinnert sie sich noch genau. »Nachdem ich sehr lange in Frankreich war, haben sich manchmal französische Worte in den Alltagssprachgebrauch eingeschlichen«, erzählt sie mir. »Und weil es auch in der Zeitung stand, wo ich vorher gearbeitet habe, haben mich die Leute teilweise auf der Straße angesprochen und ungläubig gefragt: Aus Frankreich nach Cottbus? Wieso ausgerechnet in die Lausitz?« In diesem Moment hat Kremeier gemerkt, »wie gering manche Menschen hier ihr eigenes Lebensumfeld einschätzen«.

Für den Strukturwandel in der Lausitz sieht Kremeier dennoch nicht schwarz. Denn Brüche und Zäsuren seien die Menschen in der Lausitz gewohnt. Krasse Gegend halt. »Wenn wir in unseren Bestand schauen, sehen wir, wie die Künstlerinnen und Künstler diese strukturell bedingten Rupturen mit ihren politischen und gesellschaftlichen Konsequenzen reflektiert haben«, erzählt sie. »Also holen wir diese Kunst aus dem Depot und bringen sie in den Kontext der Gegenwart.«

»Allerdings wird das, was heute unter dem Begriff Strukturwandel in der Lausitz firmiert, in seinen Konsequenzen nachhaltiger und gravierender sein als all das, was vorher war«, fügt Ulrike Kremeier hinzu. Sie setzt deshalb vor allem auf die jungen Menschen wie die, die zur Dresen-Veranstaltung gekommen sind. »Der Strukturwandel macht einer jüngeren, gebildeten Generation nur begrenzt Angst«, hat sie beobachtet. »Im Gegenteil: Er bietet Perspektiven.« Viel schwieriger sei er für Ältere, die nach der Vereinigung »massive Eingriffe ins komplette Leben« erfahren haben. »Vom Zuzug müssen alle profitieren«, fordert Ulrike Kremeier deshalb. »Man muss auch die mitnehmen, die hier leben.«

Einer, der schon lange in Cottbus lebt, ist Rainer Weisflog. Als Treffpunkt hat der Fotograf das »Café Lauterbach« in der Spremberger Straße vorgeschlagen, die gute Stube des alten Cottbus mit dem besten Käsekuchen, wie Lauterbach schwärmt. In den achtziger Jahren ist der Potsdamer in die Lausitz gekommen. »Ich hab beim ADN als Fotograf gearbeitet und stand vor der Wahl, Cottbus, Erfurt oder Magdeburg. Ich hab mich für die Lausitz entschieden, wegen der Kohle und der Sorben, das fand ich spannend.«

Weisflog hat seitdem alle Höhen und Tiefen der Stadt erlebt. Den Strukturbruch 1990, das Abrutschen vieler Menschen in die Arbeitslosigkeit, die Neonazi- und Kampfsportszene, die der Verfassungsschutz »toxisch« nennt, das Wegducken der Politik, die verzweifelten Eingemeindungen, um nicht unter 100.000 Einwohner zu rutschen und den Status einer Großstadt zu verlieren. Einen Aufbruch wie jetzt hat er aber noch nicht gespürt. »Neulich war Verwandtschaft meiner Frau aus dem Westen da, aus Nürnberg«, erzählt der 67-Jährige im »Lauterbach«. »Der Verwandte war früher mal bei der Reichsbahn, obere Etage, und ist dann in den Westen. Jetzt kommt er wieder her und sagt: Ihr habt hier die Zukunft. Er meinte nicht nur das ICE-Werk.«

»Die Stimmung in Cottbus ist eine andere als noch vor einiger Zeit«, freut sich Weisflog. »Lange war sie abwartend und misstrauisch. In den neunziger Jahren wurde viel versprochen und wenig davon sei eingehalten worden. Entsprechend groß war die Enttäuschung.«

Die neue Aufbruchstimmung hat Weisflog dazu bewogen, seine ganz persönliche Lebensplanung über den Haufen zu werfen und den ersehnten Ruhestand nach hinten zu schieben. »Ich hatte eigentlich schon abgeschlossen«, lacht er. »Aber jetzt will ich den Schwung mitnehmen und fotografisch begleiten.« Vielleicht verschiebt sich sein Ruhestand dann bis zu seinem 70. Geburtstag, den er in Siehdichum feiern will. »In drei Jahren«, ist er sich sicher, »wird vieles von dem, was heute nur Planung ist, auch zu sehen sein.«

Wenn ich Rainer Weisflog zuhöre, glaube ich, dass sich Cottbus tatsächlich neu erfinden könnte. Was er sagt, hören vielleicht auch jene, die sich auf den Weg in die »krasse« Lausitz machen wollen, die das Zeug hat, eine Gewinnerregion zu werden. Natürlich wird eine Imagekampagne nicht reichen, um all die Menschen in die Stadt zu holen, die dafür gebraucht werden. Aber vielleicht schafft Tobias Schick mit seinem Politikstil ähnlich viel Vertrauen wie vor ihm René Wilke in Frankfurt (Oder). Nach seiner Wahl titelte die taz in ihrer Wochenendausgabe: »I ♥ Frankfurt (Oder)«.

Als ich Weisflog von der Veranstaltung im Dieselkraftwerk berichte, muss er lachen. »Ich hab schon in den achtziger Jahren eine Homestory über Gundermann gemacht«, erzählt er und gabelt das letzte Stück Kuchen auf. »Ich war bei ihm zu Hause und erinnere mich noch gut, wie er dasaß, mit der Katze vor der Bücherwand und dem Che-Guevara-Plakat. Er war Kommunist, und gleichzeitig hat er sich mit dem Staat angelegt.«

Seine Chamberlin-Chance hat Weisflog nicht genutzt. »Blöderweise hab ich kein Foto von Gundermann auf dem Bagger gemacht. Das würde ich auch heute noch gut verkaufen können.«

DIE TRAUMFABRIK

Forst, Lodz

Zum Glück war es trocken und nicht rutschig. Zur Lesung wies mich ein Plakat, der Weg ging durch ein Gittertor über einen holprigen Pflasterweg, in dessen Mitte führten Schienen auf das verlassene Fabrikgelände. Ich schlich vorbei an einer dreistöckigen Villa, der nicht nur die Fensterscheiben, sondern auch das Dach abhandengekommen waren. Dann stand ich vor dem Eingang zu einer Fabrikhalle. Auch hier keine Fenster, das Erdgeschoss ein weiter, lichter Raum, die Decke gestützt auf zahllose Pfeiler. Schlanke Säulen, dachte ich, sie trugen angedeutete Kapitelle, von den preußischen Kappen an der Decke blätterte der Putz.

Die Stuhlreihen waren schon aufgestellt, auch der Lesetisch. Rechts davon gab es an einer Reihe von Tapeziertischen Kuchen und Kaffee. Durch die offenen Fenster fiel die Nachmittagssonne, tauchte die Fabriketage in ein warmes Licht. Lächelnd nahm ich am Lesetisch Platz und begann mit dem Kapitel über »Siehdichum«. So viele Menschen hatte ich nicht erwartet. Schon in diesem Moment wusste ich, dass das eine besondere Lesung war an einem ungewöhnlichen Ort. An diesem Augustnachmittag war ich in Forst in der Lausitz in einer Traumfabrik gelandet.

Ein halbes Jahr später: Kalt ist es, der Wind pfeift über den Fabrikhof, am Lohmühlgraben fällt Anett Dörl mit zwei Bekannten einige Bäume. Einer von ihnen macht Ärger, fällt nicht in die Richtung, in die er soll. Doch Dörl braucht eine Stellfläche. »Hier soll bald der Waggon der Schwarzen Jule hin«, erklärt sie und fragt, ob ich eine Tasse Kaffee wolle. Wir gehen ins Erdgeschoss einer Fabrikhalle. Es ist nicht die Halle, in der ich im August gelesen hatte, sie ist kleiner, sogar Fensterscheiben hat sie, aber kalt ist es trotzdem. »Der Waggon der Fabrikbahn wird bei uns abgestellt, bis das Museum fertig ist«, sagt Dörl. »Platz genug haben wir.«

Wäre das Gelände der ehemaligen Feintuchwerke von Adolf Noack und Hermann Bergami das Forster Hollywood, wäre Anett Dörl die dazugehörige Filmproduzentin. Ende 2015 hat sie mit noch nicht einmal dreißig Jahren die beiden verfallenen Fabriken in der Forster Innenstadt mit ihrer Mutter gekauft. Für 20.000 Euro. Im richtigen Leben baut Dörl Heizungskessel. In ihren beiden Fabriken will sie sich dagegen ihren Traum verwirklichen. »Traumfabrik« hat sie deshalb ihre Location genannt, zu der regelmäßig auch »Lost Places«-Touren führen.

Doch die Traumfabrik ist mehr als ein verlorener Ort. Sie ist auch ein Ort des Suchens, des Ausprobierens, und wenn es sein muss, auch des Bäumefällens. Im Nebenberuf ist die Kesselbauerin Eventagentin und Projektentwicklerin in einem. Sie vermietet Stellflächen für die Zwischenlagerung von Waggons, die einmal ins Museum müssen, organisiert Lesungen, vermietet an Hochzeitsgesellschaften und Fotografen für das Shooting in morbider Umgebung, und neben all dem saniert sie ihre Fabriken. Wobei Sanieren vielleicht nicht das richtige Wort ist. Mal macht sie hier, mal dort, immer so viel, wie Geld da ist. Dörl investiert, was sie einnimmt. Für das Dach der Fabrikantenvilla, neben der ich im August zur Lesung vorbeigeschlichen bin, reicht das Geld noch nicht.

Forst ist keine Stadt, die leicht zu lesen ist. Auch mir fällt es schwer, mich in der Stadt zu orientieren. Das hat auch mit ihrer Entstehung zu tun. Keine mittelalterliche und auch keine barocke Stadt ist Forst, sondern eine ehemalige Industriestadt. Wie ein postindustrieller Archipel setzt sie sich aus verschiedenen Inseln zusammen: Eine Textilfabrik steht dann wie bei Anett Dörl neben der Fabrikantenvilla, nicht weit davon finden sich die Mietkasernen der Beschäftigten. Eine Straßenecke weiter dann die nächste dieser Industrieinseln. Und die übernächste. Und die überübernächste.

Mit diesem städtischen Gewerbe ähnelt Forst dem polnischen Lodz. Auch dort stehen Fabriken neben Villen und Arbeitersiedlungen, nur alles eine Nummer größer. Was beide Städte gemeinsam haben, ist der Aderlass. Im »polnischen Manchester« leben heute knapp 671.000 Menschen. 1990 waren es noch 850.000 Einwohner. Damals war die Industriestadt nach Warschau die zweitgrößte Stadt Polens. Inzwischen ist sie nur noch die Nummer vier. Krakau und Breslau sind an ihr vorbeigezogen.

21 Prozent Bevölkerungsverlust hat Lodz seit 1990 erlitten, im »preußischen Manchester« sind es sogar fast 30 Prozent. 26.000 Einwohnerinnen und Einwohner lebten 1990 in Forst an der Neiße, heute sind es nicht einmal mehr 18.000. Das heißt nicht nur, dass jeder Dritte weg ist, es bedeutet auch, dass die Kinder der Weggezogenen woanders geboren werden. Und in Forst sind sogar schon vor zwanzig Jahren die Eltern der Abgewanderten ihren Kindern hinterhergezogen. Nicht nur eine schrumpfende Stadt ist Forst seitdem, sondern auch eine Stadt, in die kaum noch investiert wurde.

Ich selbst habe es 2004 erlebt, als ich erstmals zu Forst recherchiert habe. »Einen solchen Marktplatz hat keine andere Stadt«, schrieb ich damals in der *taz*. »In der Mitte die Kirche, auf drei Seiten Plattenbauten, nach Süden hin eine Lücke. Vor einem Jahr wurde dort ein Wohnriegel abgerissen, seitdem ist der Forster Marktplatz offen.«

Vergeblich hatte die Stadt damals nach einem Investor für das Filetgrundstück gesucht. Für die Mitte einer Stadt, über die ein zeitgenössischer Beobachter 1927 geschrieben hatte: »Ein Wald von Schornsteinen mit langen Rauchfahnen bildet die charakteristische Silhouette dieser Stadt. Fabrik reiht sich an Fabrik, ganze Viertel bedeckend in allen Stadtteilen. Lokomotiven durchfahren die Straßen und schleppen Waggon um Waggon, auf Rollböcke gesetzt, in die zahllosen Fabrikhöfe.«

Die fast 40.000 Forster waren stolz auf ihr »Manchester«, auf die »Schwarze Jule«, wie die Fabrikbahn genannt wurde, auf den Rosengarten, der 1913 gegründet wurde, auf die Tatsache, dass jeder fünfte Anzug in Deutschland aus der Textilstadt in der Lausitz kam. Nicht nur nach Fabrik roch es damals in Forst, sondern auch nach Zukunft. Dann kam der Krieg, und 88 Prozent der Gebäude wurden zerstört. Der sowjetische Stadtkommandant wollte Forst sogar aufgeben und zur »toten Stadt« erklären.

Nur den Flüchtlingen aus dem Osten ist es zu verdanken, dass es Forst noch gibt. Doch ist nicht auch eine Stadt tot, deren Marktplatz tot ist? Der Architekt Siegfried Reibetanz sagte es damals so: »Es ist etwas Besonderes, wenn sich am Marktplatz einer Stadt mit über 20.000 Einwohnern kein Investor mehr findet.«

Fast zwanzig Jahre später erzähle ich die Geschichte mit dem Marktplatz Jörn Brunotte. Der Museumsexperte leitet seit 2021 das Brandenburger Textilmuseum in der Sorauer Straße, gleich um die Ecke der Traumfabrik von Anett Dörl. Derzeit wird das Museum, die ehemalige Textilfabrik von

Daniel Noack, grundlegend saniert. Auf dem Hof rangieren die Bagger, im Hauptgebäude von 1897 wird eine neue Decke eingezogen, auch ein Neubau soll entstehen. »Dort wird dann die Schwarze Jule und ein Waggon zu sehen sein«, freut sich Brunotte. Es ist jener Waggon, der demnächst auf dem Hof der Traumfabrik zwischengelagert wird. 2025 soll das Museum mit einer neuen Dauerausstellung wieder öffnen. Samt einer Strecke von Textilmaschinen, die in Betrieb gezeigt werden sollen, schließlich wollen die Menschen wissen, wie es überhaupt funktionierte, dieses deutsche Manchester. Behandelt werden auch der Wandel der Stadt und die Zukunft der Region. Auch im Museum spielt die Frage, wie es in Zukunft in der Region aussehen wird, eine Rolle. Selbst ein Museum kann eine Traumfabrik sein.

Als ich Jörn Brunotte vom Forster Tuch erzähle, wird er neugierig. Ich schildere, wie eine Künstlergruppe 2004 im Rahmen von »Kulturland Brandenburg« versucht hat, die Menschen in der Stadt mitzunehmen auf eine Reise in die Zukunft. Vor allem in den Schulen sollten die Kinder ihre Wünsche und Hoffnungen, aber auch ihre Sorgen und Ängste auf einem ein mal ein Meter großen Stück Stoff verewigen. Zusammengesetzt sollte das riesige Tuch dann an den Marktplatz gehängt werden, weniger als Mahnung an die Leere, denn als Sammlung von Ideen, die das Denken über die Stadt wieder beleben könnte. »Das wäre doch was fürs Museum«, sagt Brunotte. Als ich ihm den Artikel von damals schicke, lese ich, dass das Forster Tuch nicht nur in Zusammenarbeit mit der Stadt, sondern auch mit dem Textilmuseum entstanden ist. Nicht nur jeder dritte Bewohner kann eine Stadt verlassen, sondern auch die Erinnerung an sich selbst.

In jüngster Zeit fällt mir nicht nur Lodz ein, wenn ich durch Forst fahre, sondern auch Detroit, obwohl ich noch nie in dieser Autostadt gewesen bin, in der kaum mehr Autos produziert werden. Aber die Bilder habe ich gesehen, die Straßenquadrate, auf denen einmal, wie in Lodz und Forst, Fabriken und Mietskasernen gestanden haben. Auf manchen dieser Quadrate stehen heute keine Gebäude mehr, sondern Billboards. In Forst ist es nicht anders, nur die Billboards fehlen.

Es sind düstere Gedanken, Gedanken, die einen nicht zwangsläufig an eine Zukunft denken lassen. Zumindest nicht an eine solche, die für gewöhnlich gedacht wird, wenn es um Stadtentwicklung geht. Vielleicht war das auch der Grund, warum ich und zwei Kollegen ein Jahr nach dem Forster Tuch 2005 ein Experiment gewagt haben. »Im Auftrag der Stiftung Bauhaus Dessau wollten wir uns Gedanken über das Forst von Morgen machen«, setze ich meine Erinnerungsreise im Büro von Jörn Brunotte fort.

Natürlich spielte da auch die Überlegung des Stadtkommandanten 1945 eine Rolle, Forst einfach sterben zu lassen. Das aber würde heute der Pflicht der Stadt widersprechen, Fürsorge für das Dasein ihrer Bewohner zu leisten. Selbst wenn nur noch tausend Menschen in Forst leben würden, müsste die Stadt den Zugang zum Wasser- und Stromnetz und zum öffentlichen Nahverkehr sicherstellen. Alles andere würde dem im Grundgesetz verankerten Anspruch widersprechen, überall in Deutschland für gleichwertige Lebensverhältnisse zu sorgen.

»Warum nicht Forst aus der Kommunalverfassung der Bundesrepublik lösen, haben wir uns also gefragt«, erzähle ich Brunotte. Und warum nicht die beiden Megatrends dieser Zeit, Liberalisierung und Kommunalisierung, zusammendenken? So entstand unser Projekt »Sonderwohlfahrtszone Forst«, das in der Galerie für Zeitgenössische Kunst in Leipzig, dem Deutschen Architekturmuseum Frankfurt am Main und der Akademie der Künste in Berlin ausgestellt wurde.

»Sonderwohlfahrtszone, da steckt ja auch Sonderwirtschaftszone drin«, sage ich zu Jörn Brunotte. »Und tatsächlich wollten wir das Baurecht und das Arbeitsrecht verschlanken. Gleichzeitig sollte jeder von einem bedingungslosen Grundeinkommen leben können, das war der Part der Wohlfahrtszone.« Brunotte lächelt, sagt: »Eine Mischung aus amerikanischem und skandinavischem Modell.« Jetzt muss ich lachen. In all den Jahren war mir das Projekt, das nichts anderes als ein Manifest in neun Kapiteln war, schon auch etwas naiv vorgekommen. Vor allem die Frage der Zuwanderung, dachte ich immer wieder, hat dieses Manifest nicht wirklich beantworten können. Aber als Gedankenspiel scheint es immer noch zu funktionieren.

Hilft das? Wie denkt einer wie Jörn Brunotte die Zukunft von Forst? Hat die Stadt, in der sein Museum 2025 wieder öffnen wird, wirklich eine Chance? Brunotte denkt nach, erzählt dann, dass die Themen der Dauerausstellung – Textil, Kohle, sozialer Wandel – vor allem auf die Zeit vom 19. Jahrhundert bis heute fokussiert seien. »Aber auch die Vergangenheit und die Zukunft spielen eine Rolle«, betont er. »Die Vergangenheit nennen wir Archive und die Zukunft Labore.«

Eines dieser Labore wird der Strukturwandel in der Lausitz sein. Aber auch schon in der nahen Zukunft will das Museum eine kulturelle Mitte der Stadt werden. Ein Ort, um sich zu treffen und Kultur zu erleben, sich auszutauschen. Jörn Brunotte berichtet von einem Erzählsalon, auf dem ein junger Mann gesagt habe, dass er aus Cottbus komme, dort aber vergeblich bezahlbare Räume für ein Projekt gesucht habe. »In Forst gibt es diese Räume«, sagt Jörn Brunotte. Er glaubt, dass Forst von Cottbus, der großen Gewinnerin des Strukturwandels, profitieren werde.

Anett Dörl ist sich da nicht so sicher. »Dreißig Kilometer Entfernung bleiben dreißig Kilometer Entfernung«, sagt sie. Statt über die Zukunft im Allgemeinen nachzudenken, konzentriert sie sich lieber auf ihre beiden Fabriken. »Im April will ich hier mein erstes Konzert haben«, betont sie. Bis dahin ist noch einiges zu tun. »Traumfabrik« steht nur draußen am Eingang auf dem Plakat. In Wirklichkeit ist es eine Fabrik, in der nicht geträumt, sondern angepackt wird.

DER PIONIER IN DER WÜSTE

Großräschen

Die Baugrube ist schon ausgehoben. Am Ende der Seestraße sollen im brandenburgischen Großräschen ein Besucherzentrum und ein IBA-Campus entstehen. Knapp 2,5 Millionen Euro hat die Landesregierung in einem ersten Schritt lockergemacht. Von einem »Ort für Tourismus, Arbeit, Bildung, Wissenschaft, Kultur und Kunst« spricht die Potsdamer Staatskanzlei. Rolf Kuhn sagt: »Es ist hier nie langweilig.«

Mit seiner welligen Mähne und dem beeindruckenden Rauschebart könnte man Rolf Kuhn für einen Karl Marx der Lausitz halten, einen überaus erfolgreichen obendrein. Denn bei Kuhn hat nicht nur eine Idee revolutionäre Kraft entwickelt, sondern auch deren Umsetzung. An der Seepromenade erinnern die »IBA-Terrassen« als Landmarke an die Internationale Bauausstellung (IBA) Fürst-Pückler-Land, deren Kraftfeld von 2000 bis 2010 Großräschen gewesen ist.

Auch ein Stadthafen ist inzwischen entstanden und ein neues Wohnviertel am See. War das »real Existierende« am Sozialismus der Gradmesser für die Differenz zwischen Anspruch und Wirklichkeit, ist das real existierende Großräschen ein Beispiel für den Umbruch in der Lausitz. Unter der Seebrücke, einst nur ein Versprechen, das weit in den ehemaligen Tagebau Meuro hineinragte, plätschert nun der Großräschener See. Eine Oase in der einstigen Wüste? Oder doch nur eine Fata Morgana?

Für mich ist Großräschen bis heute ein besonderer Ort. Als ich das erste Mal auf den IBA-Terrassen stand, wehte mich ein Hauch von Süden an, aber auch von Morgen. An der Kante des ehemaligen Tagebaus Meuro hatte ich den Eindruck, einer Verwandlung beizuwohnen. Baden statt Baggern, Freizeit statt Malochen. Was ich nicht verstehen konnte, waren die Menschen vor Ort, die Kraft ihrer Beharrung, ihr Wunsch, sich so lange wie möglich am Alten festzuklammern. Es hat eine Weile gedauert, bis ich kapiert habe, dass es *ihr* Altes war, an dem sie festhielten, nicht meines. Gegenüber diesem Alten hatte es das Neue verdammt schwer, selbst wenn man auf einer IBA-Terrasse stehen konnte.

Als Rolf Kuhn 1998 zum ersten Mal nach Großräschen kam, sah er eine Stadt, in die sich der Tagebau schon hineingefressen hatte. Der Ortsteil Bückgen, heute Großräschen-Süd, war bereits abgebaggert, nur das 1922 errichtete ehemalige Ledigenwohnheim der Ilse Bergbau AG stand noch an der Tagebaukante. Es war ein trauriger Anblick, der sich Kuhn bot: Die Fenster im Parterre waren zugemauert, zahlreiche andere Scheiben zerschlagen. Nur am Giebel prangte noch das Symbol der Bergarbeiterstadt: Hammer und Eisen.

»Damals gab es in der Lausitz eine große Depression«, erinnert sich Kuhn, als ich ihn im November 2021 in Großräschen wieder besuche. »Viele Familien haben für ihre Kinder und Enkel keine Perspektive gesehen. Deshalb sind die meisten jungen Leute weggegangen.« Auch aus Großräschen. 1993 hatte die Stadt zwischen Cottbus und Senftenberg mit 12.832 Einwohnern ihren Höchststand erreicht. Seit dem Ende des Tagebaus Ende der neunziger Jahre ging es bergab. 2020 wurden noch 8.455 Einwohnerinnen und Einwohner gezählt. Großräschen wurde zur sterbenden Stadt.

Dass Großräschen eine Zukunft habe, glaubten nur wenige. Rolf Kuhn war einer von ihnen. Er hatte seinen Posten als Direktor des Bauhauses in Dessau aufgegeben, um im Alter von 52 Jahren in Großräschen einen Neustart zu wagen. Als Geschäftsführer der IBA Fürst-Pückler-Land wollte er zeigen, wie die Lausitz ohne Kohle aussehen kann – ohne ihre Industriegeschichte zu verleugnen.

Ein Pionier war er, den sie vor Ort für einen Verrückten hielten, als er vorgeschlagen hat, die »F60« als ehemals größte Förderbrücke der Welt zu einer touristischen Attraktion zu machen. Heute pilgern die Touristen scharenweise zum »liegenden Eiffelturm der Lausitz« in Lichterfeld bei Finsterwalde.

Vielleicht ist es dieses Überraschungsmoment, das Rolf Kuhn mit der IBA als damals größte Landschaftsbaustelle Europas gelungen ist: Man kommt in die Region und staunt. Kuhn selbst sagt es so: »Man sieht etwas, was man nicht erwartet hat. Etwas, was die Menschen hier auch nicht erwartet haben.« Bei einem Besuch habe ihm Brandenburgs Ministerpräsident Dietmar Woidke einmal gesagt, wie gut, dass er sich durchgesetzt habe. »So sieht man das im Nachhinein.«

Das mit dem Durchsetzen hat Kuhn in einem Land gelernt, in dem Mitlaufen oft einfacher war, als eigene Wege zu gehen. Nach dem Studium des Städtebaus und der Gebietsplanung in Weimar baute er dort den Lehrstuhl für Stadtsoziologie auf. »Wir haben jedes Jahr eine andere Stadt analysiert. Sowohl die Plattenbaugebiete als auch die verfallenden Altstädte«, erinnert er sich. »Es brauchte schon eine gewisse Schlitzohrigkeit, dass man solche Befragungen durchführen durfte.«

Erst recht, wenn die ersten empirischen Untersuchungen, die in der DDR zum Städtebau durchgeführt wurden, unerwünschte Ergebnisse hervorbrachten. »Wir haben herausgefunden, dass Plattenbaugebiete nur so lange attraktiv waren, als sie die Minderheit in einer Stadt waren«, sagt er. »In dem Moment, als Gründerzeitgebiete wie zum Beispiel der Sonnenberg in Karl-Marx-Stadt abgerissen werden sollten, schlug das um. Man wollte nicht, dass die gesamte Stadt zu einem Neubaugebiet wird.«

Mit Erkenntnissen wie diesen wurde Kuhn Direktor des Bauhauses in Dessau, rettete die Werksiedlung in Zschornewitz, wollte den Städtebau der DDR »revolutionieren«, wie er sagt, und wurde zur Figur der friedlichen Revolution, weil er ein Theaterstück gezeigt hatte, das die Zustände in der DDR kritisierte. »Damals lief auch schon ein Verfahren, um mich abzusetzen. Aber das kam zu spät.«

Nach Großräschen kam Kuhn nicht zu spät, sondern gerade noch rechtzeitig. Wer heute am Bahnhof aussteigt und die zwei Kilometer lange Strecke zum See zurücklegt, erlebt zwei sehr verschiedene Teile der Stadt: das historische Stadtzentrum am Bahnhof und die Seestadt in Großräschen-Süd. Dorthin soll sich mit dem IBA-Campus künftig das Leben verlagern. In einem Besucherstollen etwa soll unter der Victoriahöhe, einer ehemaligen Abraumhalde, die Bergbaugeschichte von Großräschen erlebbar werden.

Doch schon 2004, als die IBA-Terrassen, drei durch eine Promenade an der ehemaligen Tagebaukante verbundene Gebäudewürfel, entstanden waren, war aus der ehemaligen Bergarbeiterstadt Großräschen eine Touristenstadt geworden. Mit Blick auf die Canyons des Tagebaus und ihre bizarren Geröllformationen ließ sich im Café bei einem Glas Wein der Sonnenuntergang genießen. Nur selten war bis dahin in Brandenburg eine ehemalige Industrielandschaft derart touristisch inszeniert worden.

Um Inszenierung war es Rolf Kuhn allerdings nur am Rande gegangen. Immer wieder wurde ihm vorgeschlagen, im Süden Brandenburgs einen Disneypark zu bauen. »Das habe ich immer abgelehnt«, sagt er. Kuhn wollte zeigen, dass es eine Zukunft jenseits der Kohle gibt, aber keine, die diese Epoche einfach unter den Teppich kehrt. Denn ausgekohlte Braunkohlereviere wurden bis dahin nach dem immer gleichen Muster saniert. Entweder entstand ein See oder alles wurde zugeschüttet, darauf kamen dann entweder Solarparks oder Wald. Mit seiner IBA und ihren 30 Einzelprojekten wollte Kuhn zeigen, dass es auch anders geht.

Kuhn wollte auch die industriellen Hinterlassenschaften wie die F60, das Kraftwerk Plessa oder die Biotürme in Lauchhammer retten. Im Tagebau Welzow sollte eine Wüste entstehen, und die Gartenstadt Marga, eine Bergarbeitersiedlung der Ilse Bergbau AG zwischen Großräschen und Senftenberg, sollte zu neuem Leben erweckt werden. Geschichte und Zukunft sollten beide sichtbar werden in der Lausitz, aus der Kuhn auch über den Tellerrand schaute: »Ohne das Welterbe Zeche Zollverein wäre Essen nicht Kulturhauptstadt Europas geworden.«

Rolf Kuhn war ein Pionier. Seiner Zeit weit voraus war er. So wie andere Pioniere in Brandenburg Neuland betreten hatten. Der Künstler Michael Kurzwelly zum Beispiel machte aus Frankfurt und Słubice in den neunziger Jahren kurzerhand Słubfurt, eine ebenso kühne wie reizvolle Behauptung, lange bevor sich beide Städte an der Oder »Doppelstadt« nannten. Karsten Wittke, Mitgründer des Instituts zur Entwicklung des ländlichen Kulturraums, reaktivierte in Baruth in den nuller Jahren einen ehemaligen Weinberg, lange bevor das Keltern in der Mark populär wurde. Zur gleichen Zeit gab es in der Potsdamer Staatskanzlei Überlegungen für einen »geordneten Rückzug« aus »entvölkerten Regionen« und eine »kontrollierte Verwilderung«.

Hintergrund dieser Szenarien waren Prognosen, die einen Rückgang der Bevölkerung wie in Großräschen auch für andere Regionen Brandenburgs prophezeiten. Mitunter kursierten in den Medien sogar Schreckensbilder entvölkerter Landstriche, in denen diejenigen das Licht ausmachten, die es nicht rechtzeitig weggeschafft hatten. Zurückgebliebene wurden sie manchmal genannt. Andere wiederum sahen die Entvölkerung auch als Chance, sprachen von einem »Luxus der Leere«.

Einer, der sich mit einer solchen Leere nicht abfinden wollte, war Ulf Matthiesen vom Institut für Regionalplanung und Strukturentwicklung IRS in Erkner. Er plädierte 2007 dafür, so genannte Raumpioniere für die strukturschwachen Regionen zu gewinnen. Raumpioniere, das waren für Ulf Matthiesen »Menschen, die bewusst in die sich entleerenden Räume gehen, dort mit hoher Selbstausbeutung und auf eigene Rechnung etwas auf die Beine stellen«. Die Spannbreite sei dabei sehr breit, war er überzeugt, sie reiche »von zurückkehrenden Adelsfamilien, Designerstudios in umgebauten Viehställen, Lehmbaufirmen, Slow-Food-Netzen und Öko-Landbau bis hin zu neuen Tauschringen«.

Wenn ich an die Zeit vor fünfzehn Jahren zurückdenke, fällt mir auf, mit welcher Faszination, aber auch mit welchem wohligen Schaudern über die »Wüste« gesprochen wurde, die Brandenburg in weiten Teilen zu werden drohte. Eine Wüste, die der Tagebau in der Lausitz zurückließ, oder auch eine »kulinarische Wüste«, die Ulf Matthiesen beklagte, wenn es um die Gastronomie in Brandenburg ging. Viele, auch ich, gefielen sich damals in steilen Thesen, der Dimension dieser

Krise konnten wohl nur radikale Visionen gerecht werden, die von einer »kontrollierten Verwilderung« bis zur Abkehr vom Grundsatz gleichwertiger Lebensverhältnisse reichten.

Haben wir den ländlichen Raum damals ohne Not aufgegeben? Wenn, dann waren nicht nur wir es. Auch die Politik hat Mitte der nuller Jahre mit ihrer Neuausrichtung der Förderpolitik einen Paradigmenwechsel versucht. »Stärken stärken« bedeutete ja auch, die Regionen jenseits des Speckgürtels, die nicht stark und damit lebensfähig waren, zurückzulassen. Was die Utopisten von damals im Sinn hatten, war der Versuch, aus der Not eine Tugend zu machen.

Rolf Kuhn, das weiß ich heute, unterschied sich von diesen Utopisten, nur wenig gemein hatte er mit den Liebhabern von *Lost Places*. Ein paar Tauschringe und umgebaute Viehställe reichten ihm nicht. Nicht nur Oasen in der Wüsten wollte er schaffen, er wollte, dass die Wüste lebt.

In Großräschen lebt sie tatsächlich. Wenn Rolf Kuhn heute durch die Stadt geht, spürt man, dass da einer stolz ist auf das, was er hinterlassen hat. Aus dem verfallenen Ledigenwohnheim hat der damalige Betreiber des Cafés auf den IBA-Terrassen ein Viersternehotel gemacht. Das ehemalige Beamtenwohnheim der Ilse Bergbau AG, ein Klinkerbau aus den zwanziger Jahren, in dem bis 2010 die Geschäftsstelle der IBA war, beherbergt heute das IBA-Studierhaus. Studierende aus allen Ländern kommen inzwischen nach Großräschen und wollen wissen, wie das mit dem Strukturwandel funktioniert.

Kuhn selbst ist nach seiner Verabschiedung in den Ruhestand in Großräschen geblieben. Mit drei weiteren Parteien wohnt er in der »Alten Apotheke«, die er liebevoll sanieren ließ, obwohl sie als abrissreif galt. »Großräschen ist auf einem guten Weg«, weiß er. Sogar der Bevölkerungsrückgang sei gestoppt. »Es ist spannend, wie es hier weitergeht.«

Ganz zufrieden ist Rolf Kuhn dennoch nicht. Ein bisschen fühlt er sich sogar wie ein Rufer in der Wüste. Anders als bei der IBA Fürst-Pückler-Land, wo nicht die Politiker oder Landräte über die Auswahl der Projekte entschieden haben, sondern ein international besetzter Fachbeirat, habe beim aktuellen Strukturwandel in der Lausitz nun die Landesregierung das letzte Wort, bedauert Kuhn. »Da gibt es auch Projekte, die aus den Schubladen gezogen werden, weil Geld da ist. Das sind alles keine Dinge, die falsch sind, aber sie sind auch nicht außergewöhnlich.«

Die Zeit des Experimentierens ist vorbei in der Lausitz, so sieht es Kuhn, dessen IBA im Jahr knapp 1,5 Millionen Euro zur Verfügung hatte. Aber gerade die Experimente hätten damals große Wirkung gezeigt. »Ohne den Erfolg der IBA-Terrassen hätte der Cafébetreiber nicht den Mut gehabt, das ruinöse Ledigenwohnheim zu sanieren«, ist er überzeugt. Vielleicht wären auch Andreas und Cornelia Wobar nicht nach Großräschen gekommen. Doch der Südhang unterhalb der IBA-Terrassen hatte es dem diplomierten Agraringenieur angetan. In Großräschen sollte Wein angebaut werden.

2012 war die Aufrebung, heute keltert die Familie 10.000 Flaschen Wein im Jahr. Pilzwiderstandsfähige Sorten sind es wie *Cabernet blanc* oder *Pinotin*. Von der »Toskana des Ostens« spricht Cornelia Wobar in einem Zeitungsinterview sogar.

Ein neues Bild ist das, das auch meinen Verlag sofort überzeugt hat. Das Weingut Wobar hat es aufs Cover geschafft. Ob der Strukturwandel von heute ähnliche Bilder des Aufbruchs hervorbringen kann wie die IBA in der Pionierzeit des Wandels? Damals sah man Besucher mit Schirmen gegen die Sonne geschützt auf »Canyontours« über steile Abraumhalden wandern. Viele dieser Bilder haben, wie etwa die »schwimmenden Häuser«, die Erwartungen nicht erfüllen können. Andere wie der »rostige Nagel«, ein Aussichtsturm mit Blick auf die neue Seenlandschaft, sind Besuchermagnete. Und manche, wie der geplante Cottbuser Ostsee auf dem ehemaligen Tagebau Cottbus-Nord, befinden sich in einem Wettlauf mit der Zeit. Eine »Zeitmaschine« haben Kuhn und sein Team die IBA genannt. Das gilt bis heute.

Vielleicht ist das das größte Verdienst von Rolf Kuhn und seinem Team: der Lausitz ein neues Image verpasst zu haben. Die Wüste, lautete seine Botschaft, wird leben. Womöglich endet die Seestadt Großräschen aber doch als Fata Morgana. Die für 2020 vorgesehene Öffnung des Sees für Urlauber wurde inzwischen auf 2026 verschoben. Bis dahin bleibt der Hafen geschlossen. Auch der benachbarte Sedlitzer See ist noch nicht freigegeben. Weil der Wasserstand niedriger ist als erwartet, muss das Ufer aufwändig nachgearbeitet werden. Gibt es neben dem real existierenden Sozialismus mit seiner Kluft zwischen Anspruch und Wirklichkeit also auch einen real existierenden Strukturwandel?

Nicht an Geld fehlt es in der Lausitz inzwischen, sondern an Wasser. Ohne Wasser aber keine Oase. Und ohne Oase kein Leben. Steht das Lausitzer Seenland auf der Kippe, wären alle Investitionen in Großräschen Luftschlösser und bald vielleicht sogar Investitionsruinen.

Dann wäre die Niederlausitz wieder das, als das sie der Pastor Christian Gottlieb Schmidt 1789 in seinen »Briefen über die Niederlausitz« beschrieben hatte: eine Region mit »tiefen Sandmeeren« und »unfruchtbaren Steppen«. Und, als Zeichen geplatzter Träume, großflächige Tümpel mit brauner Brühe und einem Zaun drumherum.

NEUE LANDSCHAFTEN

Welzow

Durch kleine Dörfer fahren und zwischendurch immer wieder den Blick schweifen lassen. Hoch auf einen Hügel steigen und von dort die Aussicht genießen. Den Blick in die Weite und auf eine atemberaubende Landschaft richten. Das kenne ich eigentlich aus der Toskana, zum Beispiel aus San Gimignano und Volterra.

Inzwischen kann auch die Lausitz Toskana. Nur sind die spektakulären Aussichten andere. Schaue ich von San Gimignano oder Volterra hinab in die Täler, sehe ich gelbe Felder, mit Zypressen bestandene Wege, alte Gutshöfe und Hügel, auf denen Wein wächst. Am Rande der Tagebaue von Jänschwalde oder Welzow sehe ich von Baggern durchkämmte Erde und Abraumhalden.

Eine Ausnahme aber gibt es. Wer von Cottbus die Bundesstraße 169 nach Drebkau fährt und dort Richtung Spremberg abbiegt, hat es nicht mehr weit bis zum Parkplatz an der kleinen Straße hinter Jehserig und Papproth. Über einen für Autos gesperrten Weg geht es hoch zum Hügel, der einen nicht nur mit einer spektakulären Rundumsicht belohnt, sondern auch mit einem tiefen Einblick. Auf einem nach Süden leicht abfallenden Hang wächst auf einer Fläche von sechs Hektar Wein. Unterhalb des 30 Meter hohen Weinbergs ist am Horizont die Silhouette der F60 zu sehen, der größten jemals gebauten Förderbrücke der Welt. Als »liegender Eiffelturm der Lausitz« zieht sie im ehemaligen Tagebau Klettwitz-Nord bei Finsterwalde die Touristen an. Im Tagebau Welzow-Süd ist die F60 noch in Betrieb.

Für mich ist sie Teil einer ungewöhnlichen Landschaft, die nicht inszeniert ist, sondern vom Wandel in der Lausitz erzählt. Unter mir wurde vor vielen Jahren noch Braunkohle abgebaggert. Nun wachsen dort Grauburgunder, Weißburgunder und Roter Riesling. Keine toskanischen Reben, ich weiß. Aber wer den Wein des Weingutes Wolkenberg einmal gekostet hat, weiß, dass die Toskana nicht immer das Maß der Dinge sein muss.

Ich habe den »Grauweiß«, ein Cuvée von Grau- und Weißburgunder, erstmals in der Wilden Klosterküche in Neuzelle gekostet. Küchenchef Manu Bunke experimentiert dort mit großem Erfolg mit regionaler Küche. Regional muss natürlich auch der Wein sein. Seit ich am Weißgrau genippt habe, wusste ich, dass es um mich geschehen war. Gleich nach meiner Rückkehr nach Grunow habe ich im Netz eine Kiste vom Wein mit dem großen »W« auf dem Etikett bestellt.

Das »W« steht für Wolkenberg. Wolkenberg ist nicht die Erfindung eines kreativen Winzers, der Name steht für das traurige Schicksal eines Dorfes, wie es viele in der Lausitz erleiden mussten. Wie 135 andere Dörfer wurde Wolkenberg, auf Niedersorbisch Klěšnik, 1992 abgebaggert. Es musste dem Tagebau in Welzow weichen. 170 Menschen wurden umgesiedelt. Heute steht auf dem Hügel noch ein Holzrahmen. Man kann durch ihn hindurchschauen und dorthin blicken, wo sich einst der Dorfplatz von Wolkenberg befunden hat. Der Rahmen selbst markiert die Silhouette der ehemaligen Wolkenberger Kirche. Die gotische Saalkirche wurde 1443 errichtet. Bis zum Ende des 19. Jahrhunderts wurde in der Kirche noch Sorbisch gebetet.

Doch das ist Geschichte, inzwischen wurde in dieser Geschichte ein neues Kapitel aufgeschlagen, das einer neuen Landschaft. Der Weinberg unterhalb des abgebaggerten Wolkenberg ist Teil davon. Die Idee geht zurück auf eine Initiative von Vattenfall, der Brandenburgischen Technischen Universität BTU Cottbus-Senftenberg und dem Forschungsinstitut für Bergbaufolgelandschaften (FIB) in Finsterwalde.

Auch bei der IBA Fürst-Pückler-Land war Welzow mit einem Projekt vertreten. Keine Assoziation zur Toskana weckte der Titel, sondern zu Afrika. Er lautete »Wüste/Oase«. Durch eine »präzise Choreografie der Bergbaugeräte sollte eine rund 700 Hektar große Fläche mit bewegtem Relief mit Hügeln, Kegeln und Ebenen geschüttet werden, die sich langsam von selbst begrünt«, lautete die Ursprungsidee. »In deren Mitte war eine Oase vorgesehen. Die eigentliche ›Wüste‹, der aktive Tagebau, umwandert diese neue Landschaft, die Schritt für Schritt im Rahmen der bergbaulichen Rekultivierung bis 2030 entstehen sollte.«

Die Idee wurde allerdings nicht weiterverfolgt. Gleichwohl hatte die IBA mit ihren 30 Projekten die Grundlage für eine Idee geschaffen, die ich zunächst nicht ernst genommen habe, als ich zum ersten Mal von ihr hörte. Brandenburg möchte, dass Tagebaufolgelandschaften wie die in Welzow von der Unesco mit einem Eintrag in die Welterbeliste gewürdigt werden.

Bevor ich auf den Wolkenberg gestiegen war, hatte mir Heidi Pinkepank die Idee erläutert. »Im flächenmäßig größten Braunkohlerevier der Welt wurde Landschaft nicht nur zerstört«, sagte sie. »Es gibt inzwischen auch eine über hundert Jahre dauernde Tradition, die Tagebaufolgelandschaften mit innovativen Konzepten zu rekultivieren.«

Pinkepank arbeitet beim Institut für Neue Industriekultur INIK in Cottbus und hat ein über zwei Jahre laufendes Projekt begleitet, das die Vorarbeiten für den Welterbeantrag geleistet hat. »Da ging es darum, die Rekultivierungen im Lausitzer Revier über verschiedene historische Etappen zu erfassen und sie sichtbar zu machen.« Nun arbeitet sie an der Konkretisierung mit. Nicht nur die Landschaftsgestaltung auf ehemaligen Tagebauflächen stehe im Mittelpunkt des Welterbeantrags, auch die Siedlungsstrukturen gehörten dazu. Oft seien diese eine ganz konkrete Folge des großen Baggerns im Revier gewesen. Pinkepank berichtet, dass durch das Welterbebüro auch schon eine erste Evaluierung der Bewerbung stattgefunden habe.

Tagebaufolgelandschaft als Welterbe. Vielleicht habe ich die Idee deshalb nicht ernst nehmen können, weil die Welterbeliste der Unesco für mich bis dahin als Königsdisziplin des Denkmalschutzes galt. Welterbe, das ist etwas Einzigartiges, das geschützt und bewahrt werden muss, so wie die Geschlechtertürme in San Gimignano oder die Schlösser und Gärten in Berlin und Potsdam. Aber hatte das Welterbekomitee nicht auch das von den Deutschen zerstörte und 1972 wieder aufgebaute Königsschloss in Warschau gewürdigt? Stand nicht auch die wiederaufgebaute Brücke von Mostar unter dem Schutz der Unesco?

Ums Bewahren oder ums bloße Wiederherstellen geht es beim Antrag für die Lausitz allerdings nicht, eher ums Verändern und Gestalten. Nicht um die Konservierung eines Zustands, sondern um das Werden. Nicht um die Geschichte, sondern auch um die Zukunft. Heidi Pinkepank sagt: »Es ist sicher eine ungewöhnliche Bewerbung, aber damit steht sie für das, was hier in über hundert Jahren entstanden ist und in Zukunft entstehen wird.«

Ich war mit Pinkepank am Tagebaufenster in Welzow verabredet. Zum Treffen hat sie auch die Bürgermeisterin der Kleinstadt im Landkreis Spree-Neiße mitgebracht und den Mitarbeiter in der Verwaltung, der den Wandel vorantreiben soll. Als es zu regnen beginnt, stellt sich Birgit Zuchold unter den aus Beton gebauten, lang gezogenen Fensterrahmen. Beim Blick auf den Tagebau hellt sich ihr Gesicht auf. »So schön kann Veränderung sein«, schwärmt sie.

Birgit Zuchold ist seit 2009 Bürgermeisterin der kleinen Stadt mit etwas mehr als 3.400 Einwohnerinnen und Einwohnern. »Stadt am Tagebau« nennt sich Welzow, doch das ist ein Claim, der immer mehr aus der Zeit fällt.

Zuchold erinnert daran, wie stark die Stadt mit dem Tagebau verbunden war und ist, das Wappen im Saal der Stadtverordnetenversammlung zeigt zwei schräggekreuzte Berghämmer. Anderseits mussten viele Bewohner mit ihren Häusern dem Tagebau weichen. »Der Bergbau beeinträchtigt auch das Alltagsleben«, sagt sie. »Man hört die Durchsagen aus dem Tagebau.« Steffen Soult, der für den Strukturwandel in der Stadt verantwortlich ist, ergänzt: »Wenn ich im Sommer draußen frühstücke, knirscht es manchmal beim Kauen, das ist der feine Sand.«

Noch ist von der Veränderung, von der Birgit Zuchold schwärmt, nicht viel zu sehen. Doch schon in diesem Jahr soll unterhalb des Tagebaufensters auf einer Fläche von 120 Hektar Erde geschüttet und modelliert werden. Zwei Terrassen sollen so entstehen. Gerichtet nach Süden, der Mittagssonne entgegen. In Zukunft sollen sie nicht mehr dem Braunkohlebetreiber Leag dienen, sondern den Menschen in Welzow. Keine Wüste und keine Oase sollen in Welzow mehr entstehen, sondern die »Neue Landschaft Welzow«.

Mich zwingt der Name zum Nachdenken über meinen Landschaftsbegriff. Die Hügel in der Toskana und auch die Aussichtspunkte in der Lausitz mag ich wohl deshalb, weil ich am Fuße der Schwäbischen Alb aufgewachsen bin. Aber das ist eine alte, eine über Jahrhunderte gewachsene Landschaft. In die Landschaft von Welzow wurde seit dem 19. Jahrhundert von Menschenhand eingegriffen. Mit der Grube Clara entstand bereits 1866 eine erste »neue« Landschaft. Zu DDR-Zeiten wurde Welzow-Süd schließlich zum größten Tagebau der Lausitz. Bis in die jüngste Zeit fraß er sich hinein in die Landschaft, die noch keine Tagebaufolge-, sondern eine Tagebauerwartungslandschaft war. Auch das zu Welzow gehörende Dorf Proschim sollte weggebaggert werden. Vehement wehrten sich die Menschen gegen eine Umsiedlung. Mit dem Kohlekompromiss wurde Proschim in letzter Minute gerettet. Ein Lützerath blieb der Lausitz erspart.

Man muss diese Geschichte kennen, um die Landschaft rund um Welzow verstehen zu können. Nichts ist mehr, wie es war. Und alles wird anders sein. Was macht das mit den Menschen? – Nach dem Ausflug zum Tagebaufenster sitze ich mit Birgit Zuchold, Steffen Soult und Heidi Pinkepank am Besprechungstisch im Büro der Bürgermeisterin. Soult hat eine Broschüre mitgebracht, sie ist von der Brandenburgischen Technischen Universität BTU Cottbus-Senftenberg herausgegeben und dokumentiert die Ergebnisse der Bürgerbeteiligung zur Neuen Landschaft Welzow. Über 24 Projekte wurden in mehreren Workshops diskutiert. Doch an erster Stelle steht nicht das »Haus der Energie«, ein Besucherzentrum, mit dem Zuchold und Soult die Touristen auf den Hügel mit Blick auf die neue Landschaft locken wollen, sondern ein Radwegenetz und eine neue Straße, die durch den ehemaligen Tagebau nach Spremberg führen soll.

»Was die Menschen wollen, ist Infrastruktur«, erklärt Zuchold das Votum der Bürger. Um nach Spremberg zum Arzt zu fahren, fahren die Menschen immer weitere Wege. Auch Radwege sind kaum instandgesetzt worden. »Es hätte ja sein können, dass die bei der Erweiterung des Tagebaus schnell wieder weg gewesen wären«, sagt Zuchold, die das Ergebnis der Abstimmung durchaus verstehen kann.

Den Plan eines Besucherzentrums verfolgen sie dennoch. Zuchold spricht von einer »großen Sache«, die Welzow braucht, damit die Menschen nicht nur gehen, sondern auch kommen oder zurückkommen. »Aus Berlin, aus Europa, aus aller Welt« wünscht sie sich Zuzug. Auch Steffen Soult möchte, dass Welzow bekannt wird. Einen »Summer of pioneers« will er nach dem Vorbild von Wittenberge und Herzberg ins Leben rufen, stadtmüden Berlinerinnen und Berlinern ein Leben auf dem Lande zur Probe bieten. Darüber hinaus plant er, den Bahnhof in Neupetershain samt der dortigen Bauruinen zu neuem Leben zu erwecken. Für all das schließen sich Welzow, Neupetershain und Drebkau zusammen. »Welzow ist zu klein, um große Projekte für den Strukturwandel zu stemmen«, sagt er, »also müssen wir uns zusammentun.«

Je länger Soult und Zuchold von ihren Plänen berichten, desto mehr begreife ich, dass es Welzow nicht an Ideen fehlt, sondern an Ressourcen, um diese Ideen umzusetzen. Und an Aufmerksamkeit. »Von all den Projekten des Strukturwandels der Wirtschaftsregion Lausitz ist in Welzow noch kein einziges angekommen«, sagt Steffen Soult. Bürgermeisterin Zuchold sagt: »Es dürfen nicht nur Ober- und Mittelzentren von den Geldern zum Strukturwandel profitieren.«

Welzow befindet sich in einem Wettlauf mit der Zeit. Oder auch gegen die Zeit. Solange der Strukturwandel nur Wort ist und nicht Tat, glaubt Birgit Zuchold, werden die Menschen weggehen. Deshalb freut sie sich auch, dass die Terrassen der Neuen Landschaft Welzow unterhalb des Tagebaufensters schon 2023 zu sehen sein werden. »Es wird allerdings noch etwa zehn Jahre dauern, bis sie der Stadt übergeben werden«, gibt Steffen Soult zu bedenken. »Bis dahin darf keiner die Schüttung betreten.« Soult, der von Leipzig in die Region gezogen ist, fragt sich, was passiert, wenn etwa auf den Terrassen nicht Trüffel oder Hanf gewachsen sind, wie es unter anderem die BTU vorgeschlagen hatte, sondern Bäume. »Wenn ich die dann abholzen will, muss ich andernorts wieder für Ersatz sorgen«, schüttelt er den Kopf.

Das »Haus der Energie« könnte deshalb ein wichtiger erster Schritt sein. Von einer Investitionssumme von 30 Millionen sprechen sie in Welzow, auch von einem Bilbao-Effekt, bei dem die Menschen wegen einer aufregenden Architektur in die Stadt kommen. Für die nötige Aufmerksamkeit, auch in Potsdam, könnte die Bewerbung zum Unesco-Welterbe sorgen.

Vielleicht hat Potsdam das aber ohnehin verstanden. Einen Tag, bevor ich nach Welzow gefahren bin, hat Brandenburgs Kulturministerin Manja Schüle bekannt gegeben, dass die Lausitz sich auch darum bewerben könnte, Europas Kulturhauptstadt zu werden. »Die Lausitz soll als Region des Wandels und an der Schnittstelle zwischen West- und Osteuropa in den kommenden zehn bis 15 Jahren Kulturhauptstadt Europas werden«, betont die Ministerin. Ein Datum für die Bewerbung hat sie noch nicht genannt.

Bei der Bewerbung für die Unesco wird es dagegen bald konkret. »Ende 2023 gibt die Kultusministerkonferenz bis zu zehn Projekte bekannt, die auf die Tentativliste kommen«, sagt Heidi Pinkepank zum Abschied. Auch die Landesregierung in Potsdam unterstützt den Antrag.

Vielleicht auch deshalb, weil es schon einige Landschaften auf die Welterbeliste geschafft haben. Eine von ihnen ist das Val d'Orcia, eine landwirtschaftliche Region mit sanften Wellen und auch einigen Hügeln. Sie liegt, wie könnte es anders sein, in der Toskana. Die Bilderbuchlandschaft sei, so heißt es in der Begründung, Ergebnis ständigen und überlegten Handelns des Menschen.

DOPPELT HÄLT BESSER

Frankfurt, Słubice

An ihren ersten Tag an der Viadrina kann sich Dagmara Jajeśniak-Quast noch gut erinnern. Es war der 16. Oktober 1992, ein Freitag. 20 Jahre alt war die Krakauerin, als sie sich an der Frankfurter Europa-Universität mit der Matrikelnummer 585 einschrieb. Im Studentenwohnheim in Słubice teilte sie sich das Zimmer mit einer Kommilitonin, die ebenfalls aus Krakau stammte. »Frankfurt und Słubice waren schrecklich«, erinnert sich Dagmara Jajeśniak-Quast. »Wir haben die ganze Nacht nur geheult. In Krakau hatten wir alles, Kultur, Clubs, Theater, einfach alles. Und hier hatten wir nichts.«

Es ist ein Eindruck, von dem viele berichten, die in den neunziger Jahren in Frankfurt ankamen. Dagmara Jajeśniak-Quast sagt, alles sei damals grau gewesen, kaputt, verschmutzt, in Słubice sei noch der Kitsch dazu gekommen. »In Krakau wurde ich manchmal gefragt: Wie bitte? Frankfurt? Warum machst du nichts aus deinem Leben?«

Von Krakau nach Frankfurt, von der Weichsel an die Oder. Dagmara, damals noch Jajeśniak, hätte sich auch anders entscheiden und in Krakau bleiben können. An der altehrwürdigen Jagiellonen-Universität hatte sie bereits einen Studienplatz an der juristischen Fakultät. Nur ein wenig Startkapital brauchte sie noch, um sich eine eigene Wohnung leisten zu können. Deshalb war sie im Sommer 1992 mit ein paar Freunden in England jobben. Doch dann kam die Nachricht, die alles änderte. »Ich war gerade auf dem Feld, Äpfel pflücken, da kam ein Telegramm aus Krakau«, erinnert sie sich. »Es war meine Mutter. Ich soll sofort zu Hause anrufen.« Zunächst war Dagmara Jajeśniak erschrocken, dachte, es sei etwas passiert. Tatsächlich aber wollte ihre Mutter eine Neuigkeit loswerden. »Sie hatte im ersten polnischen Fernsehen gesehen, dass in Frankfurt an der Oder eine neue Universität gegründet wurde. Auch Polen könnten dort studieren.«

Krakau oder Frankfurt, das war die Wahl, vor der Dagmara Jajeśniak in jenem Sommer 1992 stand. Die 1364 gegründete Jagiellonen-Universität oder die Europa-Universität, die bis dahin nur auf dem Papier bestand und im Herbst mit dem Studienbetrieb starten sollte. Die junge Polin entschied sich gegen das Alte und für das Neue. Sie entschied sich für Frankfurt. Und für die Zukunft.

Frankfurt oder doch besser eine andere Stadt? Provinz an der Grenze oder Großstadt und mittendrin? Nicht nur Dagmara Jajeśniak-Quast, die heute das Zentrum für Interdisziplinäre Polenstudien an der Europa-Universität Viadrina leitet, stand vor einer solchen Entscheidung. Fiel die Wahl schließlich auf Frankfurt, kam das Ja-Wort nicht immer von ganzem Herzen. Oft war es nur ein »ja, aber«. Das »aber« war die Stadt. Anfang der neunziger Jahre war die Marienkirche noch ohne Dach, Nazis trieben ihr Unwesen, die Brücke, die die Viadrina nach Polen schlagen sollte, wurde von Grenzschützern bewacht. Frankfurt war eine raue Stadt an einer Grenze, die weitaus mehr teilte als verband. Und dort sollte plötzlich so etwas Zukunftsweisendes entstehen wie eine Europa-Universität?

Diese Zukunft war das »ja« beim »ja, aber«. Als das ganze Gegenteil zum »Grauen, Kaputten und Verschmutzten« in Frankfurt und Słubice empfand Dagmara Jajeśniak die Stimmung an der Uni. Es war eine Aufbruchsstimmung. Vieles, was *de jure* nicht möglich war, wurde *de facto* möglich gemacht. Vor allem für die Studentinnen und Studenten der Europa-Universität, die wie Dagmara Jajeśniak aus Polen kamen. 479 Studierende nahmen am 16. Oktober 1992 ihr Studium an der Viadrina auf, 169 von ihnen kamen aus Polen.

Da war zunächst das Bürokratische. »Um in Deutschland zu studieren, ein Konto zu eröffnen oder eine AOK-Versicherung abzuschließen, brauchte man eine deutsche Meldeadresse«, erinnert sich Jajeśniak-Quast. Also habe die Viadrina immer die Meldeadresse des Hauptgebäudes in der Großen Scharrnstraße angegeben. »Ich weiß nicht, wie viele Polen offiziell dort gewohnt haben«, lacht sie. Und dann war da noch der Grenzübertritt über die Oderbrücke. »Am Anfang haben wir uns mit dem Fahrrad an den oft kilometerlangen Autoschlangen vorbeigedrängelt und immer wieder böse Kommentare gehört«, sagt sie. »Später gab es dann eine Sondergenehmigung, die wir einfach vorzeigen mussten, da konnten wir an der Schlange vorbei.«

Frankfurt hat damals eine Gelegenheit beim Schopfe gepackt. Und viele von denen, die Anfang der neunziger Jahre wegen der Viadrina nach Frankfurt gekommen waren, haben die Atmosphäre der Gründerzeit noch gut in Erinnerung. Frankfurt hat gezeigt, dass es Zukunft kann. Aber kann es das immer noch oder schon wieder?

Würde man mir eine solche Frage stellen, würde ich lange zögern mit der Antwort. Ich kenne Frankfurt noch aus den neunziger Jahren, den »Baseballschlägerjahren«, wie sie rückblickend genannt werden, und wenn ich ehrlich bin, empfinde ich Frankfurt heute oft noch genauso traurig wie damals. Dort, wo eigentlich das Zentrum hingehört, steht ein

Parkplatz, obwohl sich unter dem Parkplatz noch ein Parkplatz befindet. Ein bisschen viel Parkplatz für eine nach wie vor schrumpfende Stadt, denke ich dann, und wenn ich mich hineinsteigere in diesen Frankfurt-Blues, sehe ich nur noch das, was nicht passiert ist. Keinen richtigen Campus hat die Viadrina, kein studentisches Leben, die städtebauliche Wiederanbindung der Innenstadt an die Oder ist auf halber Strecke stehen geblieben, zum Einkaufen ist Frankfurt, anders als das ähnlich große Görlitz, eine Katastrophe.

An der Oder aber hellt sich die Stimmung auf. Die Promenade, die zum 750-jährigen Stadtjubiläum 2003 eröffnet wurde, zeigt Frankfurt und Słubice von ihren Schauseiten. Und in der Mitte thront die Brücke, die schon immer ein Doppeldasein führte zwischen realem Bauwerk und metaphorischem Potential. Wo, wenn nicht hier, ist Europa mit Händen zu greifen?

Peggy Lohse möchte die Brücke und die Möglichkeiten, die sie bietet, nicht mehr missen. Nur ungern erinnert sie sich an das erste Jahr der Pandemie, als die Grenze zwischen März und Juni 2020 geschlossen war. »Damals dachte ich, okay, wenn das jetzt zum Dauerzustand wird, dann ist das hier genauso eine olle graue ostdeutsche Kleinstadt wie jede andere, und dann kann man echt auch woanders hingehen.« Schließlich sei es gerade das auf der gegenüberliegenden Seite der Oder gelegene Słubice, das das Besondere an Frankfurt ausmache.

Ich treffe Peggy Lohse und ihre Lebenspartnerin Nancy Waldmann in ihrer Wohnung in Altberesinchen, dem Gründerzeitquartier nahe des Frankfurter Bahnhofs. Durchs Fenster geht der Blick auf die Leipziger Straße, den Highway, wie Peggy sagt. Ein bisschen Großstadtfeeling muss sein. Aber ein bisschen Grenzstadt darf es auch sein, meint Nancy. »Der

Werbeslogan ‚Ohne Grenzen' stimmt nur bedingt, weil das Spannende gerade die Grenze ist«, betont sie. Allerdings müsse sie offen sein. »Wenn man dann von der einen Seite genug hat, kann man immer wieder in die andere Hälfte gehen.«

Lohse und Waldmann sind Frankfurterinnen aus Überzeugung. Waldmann kannte Frankfurt bereits vom Studium der Kulturwissenschaften 2004 bis 2008. Damals, sagt sie, habe sie sich nicht sonderlich für die Stadt interessiert. Übellaunig empfand sie Frankfurt, nur an der Viadrina sei die Stimmung gut gewesen. Inzwischen habe sich viel verändert. Dass sich Frankfurt und Słubice ganz ungeniert und offiziell als Doppelstadt vermarkten, findet die Redakteurin der *Märkischen Oderzeitung* (MOZ), sei keine Anmaßung. »Die Blase, die sich auf beiden Seiten nicht nur zum Einkaufen bewegt, ist größer geworden, die machen auch die Doppelstadt aus.«

Peggy Lohse lebt seit 2019 in Frankfurt. Inzwischen ist sie freie Journalistin, für die *taz* berichtet sie in einer Kolumne mit dem Titel »Grenzwertig« aus der Doppelstadt. »Die Metropole kommt auch ohne uns klar«, hat sie in der ersten Kolumne geschrieben. »Die Grenzregion aber braucht uns Menschen hier.« Was genau meint sie damit? »Hier werden Leute gebraucht, die vor Ort sind und was machen wollen«, antwortet Peggy Lohse.

Was machen, das haben sich Lohse und Waldmann schon 2020 gedacht, als sie, gemeinsam mit anderen, die Idee zur ersten Pride in der Doppelstadt hatten. Nicht nur durch Frankfurt sollte der bunte, queere Demonstrationszug führen, sondern auch durch Słubice. »Wir waren total aufgeregt und wussten nicht, wie sie in Słubice drauf reagieren«, erinnert sich Nancy Waldmann. »Wir dachten, wir müssten das halbwegs gut durchkriegen in Słubice, und dann sind wir in Frankfurt und damit save. Aber dann waren da Leute, die haben von den Balkonen gewunken. Es war eine schöne Stimmung.«

Vielleicht sind es Initiativen wie diese, die zeigen, dass das gelebte Zusammenleben längst weiter ist als der Frankfurt-Blues, der mich manchmal anfällt. »Mittlerweile sind in der Pride-Gruppe mehr Queers aus Polen als aus Frankfurt«, freut sich Peggy Lohse. »Von denen kommen auch die meisten Themen und Ideen.«

Ohne seine andere Hälfte wäre Frankfurt Provinz, dasselbe gilt für Słubice. Zusammen aber ist die Doppelstadt ein Experiment. Manchmal knirscht es zwar bei der Zusammenarbeit, vieles funktioniert aber auch erstaunlich geräuschlos. »Vor allem die Polen bestehen auf der Doppelstadt«, hat Nancy Waldmann beobachtet. »In Słubice gibt es viele Familien, die wollen ihr Kind unbedingt auf eine Schule oder eine Kita in Frankfurt schicken. Wenn es dann heißt, dass es keine Plätze gibt, werden die richtig sauer und sagen: Wir sind hier doch in einer Doppelstadt!«

Anders als der Schulbesuch Brandenburger Kinder in Berlin und umgekehrt ist die Aufnahme polnischer Kinder in Frankfurter Schulen nicht geregelt, sagt Nancy Waldmann. »Da muss ganz viel gemogelt werden. Die Doppelstadt ist so eine Mischung aus nicht eingelöstem Versprechen und *kombinowanie*, also Improvisation.«

Zurück auf dem Weg zum Bahnhof frage ich mich, ob ich Frankfurt gegenüber vielleicht ungerecht bin. Gerade für Außenstehende ist der gelebte Alltag einer Doppelstadt nicht immer sichtbar. Vielleicht gibt es eine Frankfurt-Erzählung, die das ganze Gegenteil meines Frankfurt-Blues ist: Ein grenzüberschreitender Erfahrungsrum, von dem uns in vielen Jahren diejenigen erzählen werden, die auf zweisprachige Kitas und Schulen gegangen sind. Die sich auf der anderen Seite genauso sicher bewegen wie auf der eigenen, sich manchmal sogar fragen, was ist das eigentlich, das Eigene und das Andere? Vielleicht muss sich diese Frankfurt-Erfahrung erst noch ausbreiten, ein Versprechen auf die Zukunft ist sie schon jetzt. Bereits vor dem Ukraine-Krieg und dem Zuzug von Geflüchteten war Frankfurt mit einem Anteil von 10,4 Prozent Nicht-Deutschen die internationalste Stadt in Brandenburg.

Der Frankfurt-Blues dagegen hat viel mit der Geschichte zu tun. Mit der Grenzziehung 1945 und der Teilung Frankfurts in eine deutsche und eine polnische Stadt. Mit der zaghaften Öffnung der Grenze 1972, auf die schon 1980 wieder die Schließung folgte, weil das SED-Regime Angst hatte vor dem polnischen »Bazillus« der Solidarność. Mit der Einführung des visafreien Reiseverkehrs 1991, auf den in Frankfurt manche mit Steinwürfen auf polnische Reisebusse antworteten. Mit den Erfahrungen der Nachwendezeit, die in Frankfurt ganz anders erlebt wurden als in Polen. In Frankfurt schloss nicht nur das Halbleiterwerk, und 8.000 Beschäftigte landeten auf der Straße. Es begann auch der große Aderlass. Von 88.000 Einwohnerinnen und Einwohnern schrumpfte Frankfurt auf 60.000. Dünnhäutig ist Frankfurt seitdem und auch skeptisch gegenüber großen Versprechungen. In Słubice dagegen wuchs die Bevölkerung von 17.000 auf über 22.000. Hier ist keine Zeit für Blues, hier wird einfach gemacht.

Auch wegen dieser doppelten Geschichte hat sich Frankfurt für das »Zukunftszentrum für Deutsche Einheit und Europäische Transformation« beworben, für das die Bundesregierung 200 Millionen Euro bereitstellt. Man könne hier, heißt es von Seiten der Viadrina, die das Konzept der Bewerbung mit der Stadt entwickelt hat, die Erfahrung einer doppelten Transformation einbringen. Die in Ostdeutschland und die in Polen. Doppelt hält besser.

Die Jury der Bundesregierung hat das am Ende nicht überzeugt. Sie gab am 14. Februar 2023 Halle den Zuschlag für das Zukunftszentrum. Nicht europäisch votierte die Auswahlkommission, sondern vor allem deutsch. Seitdem wissen sie in Frankfurt, dass sie sich auch ohne Hilfe vom Bund fit machen müssen für die Zukunft und auch für die Transformation, die der Doppelstadt noch bevorsteht. Frankfurts Oberbürgermeister René Wilke betonte nach der Entscheidung, man habe gegen andere tolle Städte wie Leipzig, Jena und Eisenach bestehen und an ihnen vorbeiziehen können. »Wir waren im Finale. Und es war knapp.« Vor allem die Stadtgesellschaft von Frankfurt habe im Rennen um den Zuschlag Großartiges geleistet, sagte der OB. Bundesweit sei so ein neues Bild der Stadt entstanden. Das bislang Aufgebaute müsse nun gemeinsam genutzt werden, »um daran anzuknüpfen und die Zukunft unserer Stadt zu gestalten«.

Ein Selbstläufer wird dieses neue Wir-Gefühl nicht werden. Schon im Sommer und Spätsommer 2022, als Frankfurt seine Bewerbung für das Zukunftszentrum eingereicht hatte, bestimmten wieder negative Schlagzeilen die Berichterstattung in der *Märkischen Oderzeitung.* Sie lauteten: »Große Betriebe fehlen. Wie kommt Frankfurt (Oder) weg vom Tabellenende?« Oder: »Was Guben und Gubin besser machen als Frankfurt (Oder) und Słubice«.

Tatsächlich ist Frankfurt noch immer eine arme Stadt. »Mit 19.118 Euro liegt das durchschnittliche verfügbare Pro-Kopf-Einkommen der Menschen in Frankfurt (Oder) an siebtletzter Stelle der 401 deutschen Landkreise und kreisfreien Städte in Deutschland«, zitiert die *MOZ* am 15. Juli 2022 eine

Studie des Wirtschafts- und Sozialwissenschaftlichen Instituts der Hans-Böckler-Stiftung. In Brandenburg rangiert Frankfurt damit auf dem letzten Platz. Tabellenführer in diesem Ranking ist Frankfurts Partnerstadt Heilbronn mit einem durchschnittlich verfügbaren Pro-Kopf-Einkommen von 42.275 Euro.

Mateusz Weis-Banaszczyk kennt diese Zahlen. Der gebürtige Danziger ist in Heilbronn aufgewachsen. Für die Viadrina begleitete der Kulturwissenschaftler von 2021 bis Anfang 2023 die Bewerbung Frankfurts um das Zukunftszentrum. Die vergangenen 30 Jahre, hat Weis-Banaszczyk immer wieder zu hören bekommen, seien für die Stadt eine einzige Berg- und Talfahrt gewesen.

»Wirtschaftlich setzte Frankfurt Anfang der Zweitausender große Hoffnungen in die Solarindustrie und die Chipindustrie«, sagt er bei unserem Gespräch im repräsentativen Hauptgebäude der Viadrina. »Aber auch die neue Aufbruchstimmung endete, nachdem sich herausstellte, dass der Standort Frankfurt bei der Chipproduktion und Solarindustrie nicht konkurrenzfähig ist.«

Weis-Banaszczyk kann darin aber auch etwas Positives sehen. »Trotzdem schaffte es die Stadt immer wieder, den Blick nach vorne zu richten«, sagt er. »Was die Frankfurter Stadtgesellschaft von anderen Stadtgesellschaften in Deutschland unterscheidet, ist die Fähigkeit, mit Schmerz und Verlusterfahrungen umzugehen und sich trotzdem immer wieder neu zu erfinden.« Nicht nur dünnhäutig ist die Stadt. Sie ist auch zäh, wie ein Boxer, der im Ring getroffen wird, aber immer wieder aufsteht und weiterkämpft, um nicht k.o. zu gehen.

Und dann sagt der 26-Jährige etwas, das mich aufhorchen lässt. »Vielleicht ist Frankfurt ein Start-Up, das noch nicht ganz auf dem Markt angekommen ist, aber immer wieder neue Projektideen entwickelt, bis die eine Idee gefunden wird, die dann alle vorantreiben und zum Erfolg führen.« Das Zukunftszentrum hätte eine solche Idee sein können.

Wie Peggy Lohse und Nancy Waldmann ist auch Mateusz Weis-Banaszczyk wegen der Grenze in die Doppelstadt gekommen, denn das ganz Besondere an Frankfurt und Słubice sei der europäische Dialog. »Frankfurt als Studienort war deshalb schon während meiner Schulzeit in Heilbronn eine Option.«

Der 1996 geborene Weis-Banaszczyk lernte Frankfurt schon als Kind kennen. Wenn er mit seinen Eltern im Sommer zu Verwandten in Polen fuhr, überquerten sie die Oder oft auf der Frankfurter Stadtbrücke. »Ich erinnere mich noch gut daran, wie wir in der Rosa-Luxemburg-Straße oben beim Karl-Liebknecht-Gymnasium von meinem Vater aus dem Auto rausgeworfen wurden, weil wir nicht drei Stunden beim Stau vor der Grenze im Auto sitzen sollten«, sagt er. »Wir sind dann entweder durch die Stadt spaziert, oder haben uns mit einem Eis an die Oder gesetzt. Und wenn das Auto an der Brücke angekommen ist, sind wir wieder eingestiegen.«

Ja, aber? Kein aber. Frankfurt hat Mateusz Weis-Banaszczyk nicht abgeschreckt. Auch nicht, als er sich, wie lange vor ihm Dagmara Jajeśniak, entscheiden musste. Nach dem Abitur hatte er sich an vier Universitäten beworben: Heidelberg, Passau, Bremen, Frankfurt (Oder). Überall hatte er eine Zusage bekommen. Entschieden hat sich Weis-Banaszyczyk dann für Frankfurt. »Einen Studienabschluss in Heidelberg kann jeder haben, aber einen von der Europa-Universität?«, sagt er und lächelt. »Hier kann ich als Person mehr bewirken als an einem Studienstandort, wo ich in der Masse untergehe.«

DIE ZUKUNFT DER ODER

Sandomierz, Frankfurt, Słubice

Im Sommer 2022 war ich einige Tage in den Bieszczady, einem Gebirgszug im Südosten Polens. Der San, den hierzulande nur wenige kennen, bildet dort auf 50 Kilometern die Grenze zur Ukraine. Ein freier, wilder Fluss, der nach 433 Kilometern unterhalb der alten Königsstadt Sandomierz in die Weichsel mündet.

Ich war vom San beeindruckt. Auf Facebook habe ich einige Fotos gepostet, sie zeigen den Fluss in einer naturnahen Landschaft, an manchen Stellen muss man ihn mit der Fähre überqueren, weil Brücken fehlen. »Oft werde ich gefragt, ob ich noch ein Buch über die Weichsel mache«, schrieb ich zu den Fotos im Facebook-Posting. »Nein, mache ich nicht. Beim San könnte ich dagegen schwach werden.«

Der San ist ein Bild von einem Fluss – eines Flusses zumindest, wie ich ihn liebe. So wie auch die Oder, sie mäandert allerdings nicht so spektakulär wie der San im Südosten Polens. Meistens fließt sie träge, erst durch Schlesien, dann durchs deutsch-polnische Grenzland. Wild ist sie zwar nicht, aber frei schon, zum Beispiel im Zwischenoderland südlich von Stettin.

Kurz darauf fand ich unter meinem Facebook-Beitrag einen Kommentar. Dort hieß es, Polen werde von vielen deutschen Politikern vorgeworfen, ein Ökosünder zu sein, insbesondere wenn es um den Ausbau und die Sanierung der Oder gehe. Eine Art Doppelmoral sei das, beklagte sich der Autor, und schrieb: »Ich glaube, kein anderes Land in Europa hat so viele ausgebaute Flüsse wie Deutschland.« Vielleicht sollten die Deutschen etwas mehr vor der eigenen Haustür kehren, schlug er vor. Damit etwa der Rhein in Zukunft wie die Weichsel, der San oder andere polnische Flüsse aussehe.

Ein halbes Jahr später sitze ich dem Facebook-Freund gegenüber. Tomasz Pilarski serviert Kaffee, Tee und Kekse. Unweit des Bolfrashauses, in dem er arbeitetet, rollt gegen Mittag langsam der Frankfurter Weihnachtsmarkt an. Am Ende der Bischofstraße fließt, träge wie eh und je, die Oder. Auf der gegenüberliegenden Seite standen lange Zeit die Bagger. Sie haben die Buhnen erneuert, das Ufer befestigt. Seit Dezember aber ruht der Ausbau. Ein Gericht in Warschau hat einen Baustopp verhängt. Es wird nicht das letzte Wort sein, das ein Gericht spricht.

Ja, sagt Tomasz Pilarski, der in Frankfurt (Oder) das Stadtmarketing leitet, bei seinem Kommentar unter meinem Facebook-Post war viel Emotion dabei. Ihn störe vor allem der Ton, mit dem manche Umweltschützer in Deutschland über den Ausbau der Oder in Polen reden. Pilarski spricht von einem erhobenen Zeigefinger und von Überheblichkeit. »Auch ich will keine kanalisierte Oder«, versichert er, »eine kanalisierte Oder wäre tot.« Gegen Hochwasserschutz aber hat er nichts einzuwenden. »Es gibt in Słubice eine Wohnungsnot, jede Wohnung, die frei wird, ist sofort wieder vermietet.« Nun werde nördlich der Innenstadt eine neue Siedlung mit 400 Wohnungen gebaut. »Das ist nur möglich, weil wir dort den Hochwasserschutz gestärkt haben.«

Pilarski ist einer, der die Doppelstadt rechts und links der Oder lebt. 1976 wurde er in Słubice geboren, an der Viadrina hat er Jura studiert, von 2003 an leitete er das *Słubicki Miejski Ośrodek Kultury*, das städtische Kulturzentrum in Słubice, das alle nur SMOK nennen, auf Deutsch heißt das Drachen. Seit 2019 ist Pilarski verantwortlich für das Stadtmarketing in Frankfurt, aber auch für deutsch-polnische Veranstaltungen wie die jährliche Transvocale, ein Musikfestival, das sowohl im SMOK als auch im Frankfurter Kleist-Forum stattfindet. Nicht nur Pilarski lebt die Doppelstadt, auch die Kulturszene in Frankfurt und Słubice tut es.

Wie wir über die Oder reden, das ist auch ein Gradmesser, ob wir uns verstehen, ob wir einander zuhören und versuchen, die Sicht des anderen nachzuvollziehen oder ob wir uns missverstehen wollen. Pilarski stimmt zu, als ich das sage, dann erzählt er, wie ihn ein Freund in Polen gefragt habe, was die Demonstranten wollen, die jeden Montag auf dem Frankfurter Marktplatz stehen. Pilarski hat dem Freund versucht zu erklären, dass es angefangen hat mit der Coronapolitik und den Einschränkungen, die er selbst auch als Eingriff in seine Freiheitsrechte wahrgenommen hat. Nun aber gehe es auch gegen die Sanktionen gegen Russland, was er absolut falsch fände.

»Mein Freund hat gesagt, dass man mit den Demonstranten reden müsse«, erzählt Pilarski. »Er hat aus der Erfahrung gesprochen, dass sich in Polen nicht eine Mehrheit und eine kleine Minderheit streiten, sondern die eine Hälfte der Bevölkerung der anderen gegenübersteht, und beide haben aufgehört miteinander zu reden. Wo soll das enden?«

Ich spüre schnell, dass das auch der Bogen ist zu unserem Disput, den wir über den San und die Oder geführt haben. Reden müssen wir also. Über die Oder und den Ausbau, aber auch über das Fischsterben, die große Katastrophe in der

Oder vom August 2022. Reden müssen wir auch über die verschiedenen Sichten auf Europa, Russlands Krieg in der Ukraine und die Solidarität, die das Land braucht, das am San an Polen grenzt. Denn wenn an der Oder, diesem Seismografen der Beziehungen zwischen Deutschland und Polen, über diese Themen nicht geredet werden kann, wo denn dann?

Ich selbst muss an dieser Stelle betonen, dass ich befangen bin. Meine Kulturgeschichte der Oder, die 2009 erschienen ist, habe ich mit einem Kapitel beendet, das die Überschrift trägt: »Welche Oder wollen wir?« Das Material für das Kapitel habe ich bei einer »Oderakademie«, einer Flussreise, gesammelt, die die Europa-Universität Viadrina 2008 veranstaltet hatte. Studierende aus Frankfurt und des Polytechnikums aus Breslau haben an Bord darüber diskutiert, welche Zukunft sie der Oder wünschen, die eines Naturparadieses oder die einer Wasserstraße. Dass die Oder als Wasserstraße wiederbelebt werden kann, habe ich damals auf vielen Veranstaltungen auch in Polen öffentlich bezweifelt. Und dafür viel Kritik geerntet, vor allem von den polnischen Nationalkonservativen.

Denn unter der Regierung der PiS-Partei hat Polen den Ausbau der Oder zur Regierungspolitik gemacht. Nicht nur die Ertüchtigung der Buhnen wie in Słubice strebt Warschau an, sondern langfristig auch den Bau weiterer Staustufen. Das wäre genau jene »Kanalisierung«, die Tomasz Pilarski nicht will. Gibt es also so etwas wie eine Kompromisslinie? Ausbau, ja, ein bisschen, aber Staustufen sind eine rote Linie?

Nicht weit weg vom Frankfurter Bolfrashaus treffe ich Fred Pilarski. Eben hat der Journalist einen Film über Schwedt und das Öl fertiggestellt, der im *rbb*-Fernsehen laufen wird. Für seinen Film über die Oder war er 2022 für den deutsch-polnischen Journalistenpreis nominiert. Auch Pilarski stellt sich darin die Frage nach der Zukunft des Flusses. »Die Oder. Wasserstraße oder Naturparadies«, heißt die 45-minütige Reportage, und man merkt ihr an, dass es sich ihr Autor nicht leicht macht mit der Antwort. »Ich habe versucht, alle Seiten zu Wort kommen zu lassen«, sagt er im Café *Brot und Zucker* am Brunnenplatz, in das er auch seinen Kameramann Riccardo Wittig mitgebracht hat.

Mit Tomasz Pilarski ist Fred Pilarski weder verwandt noch verschwägert, obwohl er denselben Nachnamen trägt. Dennoch stört auch ihn manchmal die Art und Weise, wie über die Oder gestritten wird. Beim Dreh zum Oderfilm, sagt er, habe er in Stettin einen Binnenschiffer getroffen. »Der hat gesagt, dass es selten ist, dass er mal einen Transport bis Breslau kriegt. Und wenn, dann müsse er sich auch noch anhören, dass die Binnenschiffer Umweltschweine seien.« Die Schlussfolgerung des Binnenschiffers: »Die Deutschen hätten alle Flüsse versaut, und nun würden sie die Polen belehren, wenigstens die Oder zum Naturparadies zu machen.«

Aber ist das wirklich ein deutsch-polnischer Streit, der da auf dem Rücken der Oder ausgetragen wird? Zumindest auf Regierungsebene nicht. 2015 unterzeichneten Berlin und Warschau ein »Abkommen über die gemeinsame Verbesserung der Situation an den Wasserstraßen im deutsch-polnischen Grenzgebiet«. Darin wird den Binnenschiffern auch eine Mindesttiefe zugesichert. In Artikel drei, Absatz drei heißt es: »Unter Berücksichtigung der natürlichen hydrologischen Verhältnisse soll daher eine Wassertiefe von 1,80 Meter mit einer mittleren jährlichen Überschreitungswahrscheinlichkeit von mindestens 80 Prozent des Jahres oberhalb und mindestens 90 Prozent unterhalb der Warthemündung angestrebt werden.«

Um dies zu erreichen, sollen »Schwachstellen« im Fluss »beseitigt« werden dürfen. Die Bauarbeiten in Słubice waren also legal. Ob sie sinnvoll waren, stehe allerdings auf einem anderen Blatt, meint Fred Pilarski und kommt auf die »Stromregelungskonzeption« von 2014 zu sprechen, die die Grundlage für das Abkommen war. »Die war im Grunde nur ein physikalisches Modell«, sagt er. »Damals wurde der Flussabschnitt zwischen Güstebieser Loose und Hohenwutzen modelliert. Das Modell sagte dann, dass man die und die Wassertiefe bekommt, wenn die Buhnen so und so aussehen.« Eine Betrachtung der ökologischen Folgen habe es in diesem Modell nicht gegeben. Allerdings wurde im Abkommen von 2015 festgehalten, dass es für jede Baumaßnahme eine »grenzüberschreitende Umweltverträglichkeitsprüfung« geben müsse. »Ohne diese Vereinbarung«, sagt Fred Pilarski, »hätten die deutschen Umweltverbände oder auch die Brandenburger Landesregierung gar nicht gegen den aktuellen Ausbau der Oder auf polnischer Seite klagen können.«

Deutsche Verbände klagen in Warschau gegen polnische Ausbaupläne: Ist das nicht auch so ein Beispiel für deutsche Überheblichkeit? Nein, sagt dazu entschieden Tomasz Pilarski. »Das ist ihr gutes Recht.«

Inzwischen sind auch in Polen die Proteste gegen den Ausbau lauter geworden. Vor allem nach dem verheerenden Fischsterben gab es Kundgebungen und Demonstrationen. Nicht nur die Umweltschützer gingen auf die Straßen, sondern auch die Angler. Auch die in Polen vor allem an der Weichsel aktiven »Flussschwestern« machten auf die Situation an der Oder aufmerksam. Feministische Gruppen kämpfen in Polen nicht mehr nur für das Recht auf Abtreibung, sondern auch für Umweltthemen. »Ökofeminismus« nennt das die Mitgründerin der Flussschwestern Cecylia Malik.

Das Fischsterben, bei dem 350 Tonnen toter Fische aus der Oder gezogen wurden, hat auch Tomasz Pilarski bestürzt. »Gerade in Schlesien wird viel in den Fluss eingeleitet«, sagt er. Tatsächlich sind Bergbaubetriebe, die ihre Giftstoffe in den Fluss leiten, wohl verantwortlich gewesen für den hohen Salzgehalt im Fluss. Der wiederum führte wegen des niedrigen Wasserstandes im Sommer 2022 zur Bildung einer Alge, die das Fischsterben auslöste. »Hier muss auch gegen die Verantwortlichen ermittelt werden«, sagt Tomasz Pilarski.

So wie es bei Fred Pilarski verschiedene Sichten auf die Oder gibt, steht Tomasz Pilarski für verschiedene Perspektiven in der Doppelstadt. Der Ukrainekrieg, sagt er, habe nur am Anfang sprachlos gemacht. »Damals haben viele in Słubice den Eindruck gehabt, dass die Deutschen die Ukraine am liebsten über die Klinge springen lassen würden, um ihr Verhältnis zu Russland und ihre guten Geschäfte mit Putin nicht überdenken zu müssen.« Das sei inzwischen anders. »Deutschland ist eines der Länder, das die Ukraine am meisten unterstützt, das sieht man auch in Polen inzwischen so.«

Was hat das mit der Oder zu tun? »Es geht darum, miteinander zu reden«, sagt Pilarski. Ohne erhobenen Zeigefinger, ohne Überheblichkeit. Nicht reflexhaft der anderen Seite die Schuld zuweisen. Und auch auf die Zwischentöne hören.

Welche Zukunft wünsche ich der Oder? Ich gebe zu, dass mich Tomasz und Fred Pilarski nachdenklich gemacht haben. Nicht nur, weil ich den San gesehen habe und die Frage inzwischen auch erweitern würde: Welche Zukunft wünsche ich dem Rhein? Und welche Zukunft wünschen die Polen der Oder? Wirklich nur die einer Wasserstraße? Oder bekommen wir die Zwischentöne, die Tomasz und Fred Pilarski so wichtig sind, in Deutschland gar nicht mit?

Einer, der für diese Zwischentöne steht, ist Piotr Parasiewicz. »Ich will die Oder nicht schlecht darstellen«, sagt der Gewässeringenieur vom polnischen Institut für Binnenfischerei in einem Interview in der *Märkischen Oderzeitung*. »Es gibt einige hundert Meter große Buhnenfelder. Dazwischen ist eine Art Renaturierung passiert, aber das ist weit vom unregulierten Zustand entfernt.«

Aber wild? »Wenn die Deutschen die Oder wild nennen«, sagt Piotr Parasiewicz, »dann haben sie noch keinen wilden Fluss gesehen.«

Und was ist seine Zukunft der Oder? »Wenn wir eine wilde natürliche Oder haben, dann wird das ökonomische Kosten haben. Vielleicht wird nur Tourismus, aber keine Industrie möglich sein«, sagt er. »Das andere Extrem ist ein Kanal, in dem kaum Leben ist. Dazwischen gibt es aber viel Spielraum.«

Sandweg zwischen Reudnitz und Zeust →

oben: Die »Wüste« in der Lieberoser Heide

unten: Zwischen Merz und Schneeberg

oben: Kopfweiden bei Kummerow

unten: Eichenallee bei Merz

oben: Alte Eichen im Naturpark Schlaubetal

unten: Am Stillen Treppelsee

oben: Einweihung des Ruheforstes in Siehdichum

unten: Naturverjüngung am Großen Treppelsee

oben: Axel Behmann auf seiner Versuchsfläche in Oegeln

unten: Neupflanzung des Tesla-Waldes bei Grunow

oben: Einweihung des Ruheforstes in Siehdichum

unten: Naturverjüngung am Großen Treppelsee

oben: Axel Behmann auf seiner Versuchsfläche in Oegeln

unten: Neupflanzung des Tesla-Waldes bei Grunow

oben: Abgelassene Teiche in Peitz

unten: Nadine Peinelt auf ihrem SoLaWi-Feld in Reudnitz

oben: Vor dem Bahnhof Grunow (Niederlausitz)

unten: Die Grunower Kirche im Winter

oben: Sitz der Naturparkverwaltung Schlaubetal in Siehdichum

unten: Das Forsthaus Siehdichum im Spiegel der Schlaube

oben: Am Helenesee bei Frankfurt (Oder)

unten: Am Ostsee bei Cottbus

oben: Tagebaufenster in Welzow

unten: Blick vom Wolkenberg bei Welzow

oben: Ginsterblüte in der Heide

unten: Blütenreicher Straßenrand

oben: Libelle im Naturschutzgebiet Schlaubetal

unten: Sonnentau – eine fleischfressende Moorpflanze

oben: Wäscheplatz in Grunow

unten: Grunower Gartenreich

oben: Die Grunower Dorfkirche

unten: Das ehemalige Bahnverwaltungsgebäude

NACHFOLGE GESUCHT

Falkenhagen, Bremsdorf, Frankfurt, Siehdichum

Den Appetit auf Fisch hat Thomas Müller nicht verloren. »Ich esse gerne Seefisch, aber auch Hecht und Zander«, sagt er. »Und Weihnachten und Ostern mindestens einmal Karpfen in Biersoße.« Schleie dagegen mag er nicht so. »Die sind mir zu grätig.«

Den Karpfen muss Müller, schlank hochgewachsen und immer gut für einen Scherz, nicht im Fischladen kaufen, den kann er aus dem eigenen Teich fischen. Die Genossenschaft Schlaubefisch, die der Mittsechziger seit der Wende leitet, bewirtschaftet im Landkreis Oder-Spree die beiden Pohlitzer Seen und den Stillen Treppelsee, dazu kommen die Teiche in Bremsdorf und in Friedland.

Zählt man auch die Standorte in Frankfurt (Oder) und im Landkreis Märkisch-Oderland dazu, sind die Mitarbeiter der Genossenschaft mit Sitz in Falkenhagen auf 32 Teichen und 15 Seen unterwegs, dazu noch auf der Oder. Thomas Müller ist also der Herr der Teiche in Ostbrandenburg. 370 Hektar Teichwirtschaft betreibt seine Genossenschaft, sie ist nach Peitz die Nummer zwei in Brandenburg.

Brandenburg ist neben Sachsen das Bundesland mit den höchsten Erträgen aus der Teichwirtschaft. 30 Betriebe bewirtschaften in der Mark etwa 4.000 Hektar Teichfläche. Allein in Peitz bei Cottbus sind es 1.500 Hektar. Dort wird auch

← Kopfweiden auf den Oderwiesen bei Neuzelle

Tradition noch großgeschrieben. Nach dem Abfischen findet jeden Herbst der große Fischzug statt. Im Amt Peitz hat es der Karpfen sogar zum Wappentier geschafft, ein Hinweis darauf, dass die Teichfischerei in der Lausitz lange vor der Braunkohle zur traditionellen, meist sorbischen, Landnutzung gehörte.

Im Betrieb von Thomas Müller hat die Tradition Platz an einer Wand im Flur des ehemaligen Brigadegebäudes. Dort hängen Fotos, die die Geschichte der Genossenschaft erzählen. Für Müller ist es auch eine Erfolgsgeschichte. Sie geht zurück auf den VEB Binnenfischerei Frankfurt (Oder), aus dem sich 1977 ein Zweigbetrieb gründete, die ZBE Satzfischproduktion. »Das war kein VEB, sondern schon damals so ähnlich wie eine Genossenschaft«, erinnert sich Müller, der seit Anbeginn dabei war. »Man war unabhängiger, auch gegenüber der SED-Führung. Die Genossenschaften konnten mehr für sich selbst bestimmen.«

Schon Ende der achtziger Jahre stieg die Genossenschaft auch wieder in die Herstellung von Speisefisch ein. Und so ist es noch heute, zum Beispiel bei den Karpfen, dem »Brotfisch« in Brandenburg. »In der Karpfenteichwirtschaft haben wir einen Vollbetrieb, das heißt einsömmrige, zweisömmrige und dreisömmrige sind dabei. Die dreisömmrigen sind dann die Speisekarpfen«, erklärt Müller. Die ein- und zweisömmrigen Satzfische gibt die Schlaubefisch e.G. an andere Betriebe oder Anglervereine ab. Der Speisekarpfen, von denen die fünf Fischer etwa 50 bis 70 Tonnen »ernten«, »geht in alle Welt«. Allerdings werden jährlich fünf Tonnen davon in den Verkaufsstellen der Genossenschaft direkt vermarktet.

Zum Beispiel an der Bremsdorfer Mühle im Schlaubetal. Nahe der Jugendherberge betreibt die Genossenschaft eine Forellenrinnenanlage. Allerdings werden nur fünf Rinnen dafür gebraucht, die Forellen, die meist aus Dänemark stammen, »einzufärben« und »auf Tellergröße« zu füttern. »In den anderen 40 Rinnen kann ich tonnenweise Karpfen lagern, und die sind dann alle auch piccobellosauber.« Die Rinnenanlage ist ein Glück für den Betrieb. Denn anfangs mussten Thomas Müller und seine Mitarbeiter die Karpfen noch fangfrisch verkaufen. »Da waren auch einige windige Fischhändler unterwegs, die am Teich angefangen haben über den Preis zu diskutieren, obwohl der fest vereinbart war«, erinnert er sich. »Aber wenn das Wasser aus dem Teich abgelassen ist, hast du keine Chance mehr.« Auch deshalb hat die Genossenschaft das Wirtschaftsgebäude an der Bremsdorfer Mühle zu einer Karpfenhälteranlage umgebaut.

Thomas Müller ist ein Macher. Das wussten auch die mehr als 50 Mitarbeiter, als sie nach der Wende den alten Chef abgesetzt und an dessen Stelle Müller das Vertrauen ausgesprochen haben. Die Rechtsform Genossenschaft haben sie beibehalten, auch wenn die Entscheidungsfindungen in einem »demokratischen Verein«, wie es Müller nennt, manchmal etwas länger dauern als in einer GmbH. »Inzwischen hat es sich aber eingebürgert, dass der tägliche Betrieb von mir gesteuert wird.«

Die Fischerei war Müller nicht in die Wiege gelegt. Seine Eltern waren Ärzte. Als er zwei Jahre alt war, zogen sie von Karl-Marx-Stadt nach Stalinstadt, das seit 1961 Eisenhüttenstadt heißt. Im nahen Schlaubetal ging Müller aber schon als Kind angeln. Allerdings durfte er wegen des akademischen Elternhauses nach dem Abitur nicht an der Humboldt-Universität Binnenfischerei studieren. Seine Mutter brachte ihn dann auf die Idee, an der Ingenieurschule für Binnenfischerei an der Hubertushöhe bei Storkow zu studieren. Gleichzeitig jobbte Müller bereits als Hilfsarbeiter auf den Teichen der Satzfischproduktion im Schlaubetal.

Nach der Wende musste Müller dann zeigen, dass er den Betrieb zusammenhalten kann. »Damals war es so, dass die Fischereirechte, die zu DDR-Zeiten Nutzungseinweisungen hießen, an die Besitzer gefallen sind, die Seen und Teiche gehörten ja jemandem.« Das waren entweder Privateigentümer oder die BVVG Treuhand. »Wir mussten also diejenigen finden, die jetzt Eigentümer waren, und denen die Gewässer abkaufen oder sie von ihnen pachten.«

Thomas Müller hat es geschafft. Hat seinen Betrieb vom Plan in die Marktwirtschaft geführt. Eine wirkliche Zukunft für seine Genossenschaft sieht er dennoch nicht, wenn er am 1. Januar 2025 in Rente geht. Zwei Mitarbeiter wollen den Betrieb erst einmal weiterführen, auf kleiner Flamme. Einige Teiche hat Müller schon verkauft – und sich ein Nießbrauchrecht eintragen lassen. »Wir können die Teiche so lange bewirtschaften, solange es den Betrieb noch gibt.«

Wenn der Herr der Teiche geht, schrumpft auch Brandenburgs zweitgrößte Teichwirtschaft. Dann kommt die Zeit der Immobilienhaie. »Es ist jetzt schon so, dass mir die Leute den Laden einrennen, seitdem sie wissen, dass wir den Betrieb mal zumachen. Wann verkauft ihr, heißt es dann im Dorf.«

Dass er doch noch einen Nachfolger findet, glaubt Müller nicht. »Da wird sich auch nichts finden«, glaubt er. »Das will keiner machen. Die jungen Leute sagen zwar, ach, das ist ein schöner Beruf, Fischer möchte ich werden. Die sehen uns ja nur im Sommer auf dem Boot. Die müssen aber auch mal im November dabei sein, wenn wir die Teiche ablassen und da zehn Tonnen Karpfen bei strömendem Regen und null Grad rausholen und möglichst noch ein scharfer Wind dazu.« Und dann seien da auch die Gehaltsvorstellungen. »Da sage ich, Jungchen, deine Gehaltsvorstellung liegt im Moment beim Doppelten, was hier der Chef verdient. Von der Fischerei kann man leben, aber man wird nicht reich davon.«

Vielleicht habe ich vor der Lebensleistung von Menschen wie Thomas Müller Respekt, weil ich nur unwesentlich jünger bin. Beschäftigte, die ihr Leben lang im selben Betrieb gearbeitet haben, kenne ich noch viele. Im Grunde bin ich sogar selbst einer von ihnen, denn im Sommer 2023 feiere ich nicht nur meinen 60. Geburtstag, sondern auch mein 31. Jahr in der *taz*. Auf der anderen Seite verstehe ich auch die, die sich beruflich nicht binden, sondern verändern wollen. Sich immer wieder neu erfinden: Wem will man das vorwerfen?

Auf dem Land ist das allerdings ein Problem. Nicht nur in der Teichwirtschaft könnte Ostbrandenburg bald auf dem Trockenen sitzen, sondern auch in der Gastronomie oder im Handwerk. Wenn Babyboomer wie Thomas Müller in den Ruhestand gehen, reißen sie in vielen Fällen eine Lücke. Und nur manchmal kann diese Lücke gefüllt werden.

Das weiß man auch bei der Industrie- und Handelskammer Ostbrandenburg. Deshalb wurde dort 2021 ein ungewöhnliches Projekt gestartet. »Unternehmensnachfolge« ist sein Titel. Es ist vor allem ein Beratungsprojekt. Zielgruppe sind jene Unternehmerinnen und Unternehmer, die in absehbarer Zeit in den Ruhestand gehen, aber noch keinen Nachfolger gefunden haben. Oder bisher auch keinen gesucht haben, weil sie bis zum Schluss gehofft haben, dass doch noch eines der Kinder den Betrieb übernimmt.

»Auch bei Thomas Müller von der Schlaubefisch eG haben wir uns gemeldet«, sagt Axel Strasser, der das Programm von Anfang an begleitet. Strasser ist auch rausgefahren nach Falkenhagen und hat sich von Müller die Teiche zeigen lassen. »Auch zu mir hat er gesagt, finden Sie mal jemanden, der sich im November in die Teiche stellt und die Karpfen rausholt«, lacht Strasser. »Das Landleben«, meint er, »stellen sich viele wildromantisch vor, aber wenn die dann vor Ort sind, stellen sie fest, dass es gar nicht so wildromantisch ist.«

Dennoch hat Strassers Projekt auch die Berlinerinnen und Berliner als Zielgruppe für eine Unternehmensübernahme im Kopf. Allerdings braucht es da manchmal auch etwas Nachhilfeunterricht, schmunzelt er. »Im vergangenen Jahr haben wir bei einer Bustour des Netzwerkes Zukunftsorte jungen Berlinerinnen und Berlinern gezeigt, was es an Betrieben in Ostbrandenburg gibt. Die waren ganz erstaunt, dass es auch Betriebe gibt, die was herstellen und Dienstleistungen anbieten. Dass Brandenburg nicht nur aus Tourismus und Landwirtschaft besteht.«

Gut möglich, dass in Zukunft mehr solcher Nachhilfetouren stattfinden müssen. Denn längst sind Beispiele wie die von Thomas Müller keine Ausnahme mehr. »Vor zehn Jahren hatten wir noch einen Überschuss an Nachfolgeinteressierten«, weiß Axel Strasser. »Da gab es mehr Leute, die gesucht haben, als Unternehmer, die abgeben wollten.« Das habe sich inzwischen komplett gedreht. »Wir haben doppelt so viele Unternehmen in der Beratung, die abgeben wollen, als dass wir Nachfolgeinteressierte haben, die ein Unternehmen übernehmen wollen.«

Ich mag mir gar nicht vorstellen, was das heißt, wenn jeder zweiter Unternehmer in der Region keinen Nachfolger mehr findet. Es würde bedeuten, dass jede zweite Bäckerei schließt, wenn sie nicht gerade zu einer Kette gehört, jeder zweite Handwerker, die Hälfte aller Restaurants und Hotels, die trotz Corona und Servicekräftemangel noch offen haben, die Hälfte aller Eisdielen und Dorfläden. Dem Ärztesterben auf dem Land würde ein Betriebesterben folgen. Ist da keine Hilfe in Sicht? Warum suchen die Berlinerinnen und Berliner nur alte Höfe und Häuser, warum suchen sie nicht auch den Weg in die Selbständigkeit? Gibt es wirklich niemanden, der auf dem Land eine Teichwirtschaft oder ein Hotel übernehmen möchte?

Als Grund für die wachsende Zahl von Unternehmensaufgaben und den Mangel an Nachfolgerinnen und Nachfolgern nennt Axel Strasser die Babyboomer-Generation. »Die scheidet nicht nur aus dem Arbeitsmarkt aus, sondern auch aus der Selbständigkeit«, sagt er. Außerdem sei es so, »dass der Arbeitsmarkt super läuft. Als gut ausgebildeter Mensch müssen Sie nicht in die unternehmerische Selbständigkeit und ins eigene Wagnis reingehen, weil Sie genug Alternativen haben. Da können Sie vernünftiges Geld verdienen und auf die Work-Life-Balance achten.«

Und dann komme noch eine Ostbrandenburger Besonderheit dazu. »Das ist die Lücke der jungen Menschen, die bereits abgewandert sind. Da sind komplette Generationen weg«, weiß Strasser. »Da hilft auch Berlin nicht viel. Berlin merken Sie noch im Speckgürtel, in Hoppegarten und Strausberg, aber das reicht nicht bis nach Beeskow, Eisenhüttenstadt, Neuzelle, Frankfurt (Oder).«

Keine guten Aussichten also. Die meisten Matches im Projekt, sagt Strasser, gebe es dort, wo noch produziert werde. »Auch im Bereich Garten- und Landschaftsbau finden wir Nachfolger.« Brandschutz, Werbung, Medien würden auch noch gehen. »Aber die Gastronomie ist ganz schwer, auch durch Corona, da geht keiner ran, und der Handel ist eine Katastrophe.«

Wie bei Thomas Müller haben Strasser und die anderen Mitarbeiter des Projekts Unternehmensnachfolge bereits angefangen, jene Unternehmen zu kontaktieren, deren Chefs 55 Jahre und älter sind. 15.000 sind das von den 40.000 Mitgliedsunternehmen der IHK Ostbrandenburg. Mehr als einem Drittel droht also eine ungeordnete, unfreundliche oder gar keine Übernahme. Mehr als tausend Unternehmen hat die IHK inzwischen erreicht. Bei der Befragung hat sich herausgestellt, dass der Beratungsbedarf groß ist. »Etwa ein Drittel der Unternehmen nutzt den Nachfolgecheck der IHK als Einstieg in das Thema«, freut sich Axel Strasser. Ein Viertel habe die Nachfolge sogar schon geregelt. Allerdings gibt es auch Unternehmer, die gar nicht suchen oder die Suche schon aufgegeben haben. Konkret wollen elf Prozent ihren Betrieb stilllegen, bei drei Prozent ist die Nachfolge gescheitert.

Einer, der sich getraut hat, einen Hotel- und Gastronomiebetrieb zu übernehmen, ist Hajo Krüger. Mitten in der Coronazeit hat der studierte Betriebswirt mit Schwerpunkt Tourismus im Februar 2021 das Hotel und Restaurant »Forsthaus Siehdichum« übernommen. Die größte anzunehmende gastronomische Katastrophe im Schlaubetal ist damit abgewendet. Wo 1746 die Mönche des Klosters Neuzelle ihr Jagdhaus errichtet haben, wird noch immer »Jagdglück«, also zart gebratener Wildbraten serviert. Auch einen »Schlaubetalteller« gibt es, dahinter verbirgt sich nicht nur ein Regionalprojekt des Naturparks, sondern ganz reell ein »sanft geschmortes Edelwildgulasch mit Rotkohl & Kartoffeln«.

Stolz führt mich Hajo Krüger, Jahrgang 1986, durch die Gasträume, die er Ende 2022 umbauen ließ. Helles Holz, neuer Tresen, lichter ist es geworden im Forsthaus, auch moderner. Den Umbau hat er aus eigener Tasche bezahlt. »Die Banken geben in der Gastronomie kein Geld mehr.«

Krüger setzt sich und sagt, er werde oft gefragt, warum er in diesen Zeiten ein Hotel und Restaurant mit zwölf Zimmern, 70 Innen- und 70 Außenplätzen übernimmt. Seine Antwort ist nüchtern. »Siehdichum war nicht unbedingt ein Herzenswunsch«, räumt er ein. »Es war eher die Situation, dass es in der Region kaum Betriebsnachfolgen gibt und die Betriebe wegsterben. Und wenn man selbst im Tourismus ist, weiß man, dass man andere Betriebe braucht, weil Konkurrenz den Markt belebt.«

Neben einem Hotel in Österreich betreibt Krüger auch die Ferienhaussiedlung am Chossewitzer See. Nun kann er die Gäste dort ins Forsthaus zum Essen schicken. Aber warum das Schlaubetal? Er hat doch in Göttingen studiert. »Mein Großvater ist in Groß Muckrow geboren und nach dem Krieg in den Westen gegangen«, sagt Krüger. Regionale Verbundenheit also, auch wenn Krüger kein klassischer Rückkehrer ist. Seinen Lebensmittelpunkt hat er immer noch in Westdeutschland.

Als wir uns im Januar 2023 treffen, laufen die Vorbereitungen für die Saison, die im April beginnt. An der Tür zum Forsthaus hängt ein Zettel. Frühstückskellner/in gesucht. In Wirklichkeit werden noch drei oder vier Kräfte mehr gesucht, sagt Krüger, der das Forsthaus von der Stiftung Stift Neuzelle gepachtet hat. Nur eine Handvoll Bewerber, sagt er, habe es gegeben. »Das ist traurig.«

Ein »Objekt mit Charakter« nennt Krüger das Forsthaus. Allerdings sagt er auch: »Jemand, der nur wirtschaftlich denkt, würde das hier nicht machen.« Nicht, dass das Objekt nicht funktioniere, fügt er hinzu. »Aber es steht halt nicht in Berlin oder München oder in einem Gebiet, das touristisch erschlossen ist wie die Ostsee oder ein Skigebiet. Es gibt hier auch nicht so viel drumherum. Der nächste Ort ist dreieinhalb Kilometer weg. Die Leute müssen aktiv hierherkommen.«

Einer der Gäste, die es nicht so weit haben, lebt unten am Hammersee in einem historischen Fischerhaus. »Ein ehemaliger Arzt«, hat man uns gesagt, als wir das erste Mal im Forsthaus waren. Inzwischen haben wir ihn kennengelernt und festgestellt, dass Brandenburg tatsächlich ein Dorf ist. Der ehemalige Arzt ist der Vater des Teichfischers Thomas Müller.

KEIN HIMMLISCH KIND

Schneeberg, Mixdorf, Steinhöfel

Schneeberg ist eines jener Dörfer in der Region zwischen Spree und Oder, in das sich jeder sofort verliebt. Auf dem Feldweg nach Beeskow blühen im Frühjahr die Obstbäume in einer Pracht, die jeden Besucher betört. Am Ende der Dorfstraße kommen, und das ist selten im Oelse- und Schlaubetal, jedes Jahr die Störche zurück, 2022 haben sie sogar vier Junge aufgezogen. Hinter dem Storchennest können die Kinder beim Pferdehof Richter reiten lernen. Sogar einen Bahnanschluss hat das 175-Seelen-Dorf. Fünf Minuten dauert die Fahrt, dann ist man in Beeskow, der Kreisstadt, zu der Schneeberg, dieses Kleinod, gehört.

Manchmal fragt sich René Breitung, ob Schneeberg nicht besser, wie das benachbarte Grunow, zum Amt Schlaubetal gehören sollte. Denn mit der Politik und der Verwaltung in Beeskow hat der Mitarbeiter eines großen Konzerns, der 2016 mit seiner Frau aus Berlin in ein altes Bauernhaus gezogen ist, nicht immer gute Erfahrungen gemacht. »Vielleicht halten die mich für renitent«, lächelt Breitung, »aber ich will nicht alles, was beschlossen wird, einfach abnicken. Es ist mein gutes Recht, auch Fragen zu stellen.«

Dass die Breitungs wie wir keine Einheimischen sind, haben wir schon vor unserem Besuch vermutet. Kaum hatte ich eine Mail geschrieben, kam der Rückruf am Telefon samt einer Einladung. »Warum sich nicht abends auf ein Glas Wein treffen? Meine Frau und ich würden uns freuen.« Auch wir haben uns gefreut. Eine solche Einladung haben wir in den fünf Jahren, die wir in Grunow sind, vielleicht ein Dutzend Mal bekommen. »Wenn du dich im Dorf mit anderen unterhalten willst«, hatte uns unsere Vermieterin schon zu Beginn gewarnt, »darfst du nicht glauben, dass sie dich einladen. Ein Gespräch über dem Gartenzaun, das ist das höchste der Gefühle.«

Die Einladung nach Schneeberg verriet die Städter. Und damit auch ihren Umgang mit dem Konflikt, mit dem sie zu tun haben, seit sie in Schneeberg leben. Nicht alles glauben, was versprochen wird, nachbohren, sich nicht mit dem Argument abspeisen lassen, dass dies und jenes schon immer so gemacht worden sei. Trotz dieser Haltung oder gerade deshalb wurde René Breitung 2019 zum Ortsvorsteher von Schneeberg gewählt. Denn hinter dem Dorf, in das sich jeder verlieben würde, soll ein Windpark entstehen.

Ein Aufregerthema, das wissen wir, als wir im Januar 2023 bei den Breitungs klingeln. Schon von weitem sind in Schneeberg die Plakate der »Bürgerinitiative Schneeberg 50« zu sehen. Auf einem kämpft Don Quijote gegen Windmühlen, nur sind die nicht zwanzig oder dreißig, sondern zweihundertfünfzig Meter hoch. »Nein zu Schneeberg 50«, heißt es auf dem Plakat. 50, das steht für das Windeignungsgebiet 50, den ursprünglich geplanten Windpark zwischen Schneeberg und Grunow. Bei einer Bürgerbefragung 2021 waren 114 der etwa 140 wahlberechtigten Bewohner des Dorfes gegen die vorliegenden Pläne.

Seit die regionale Planungsgruppe Oderland-Spree 2018 ihren »Teilregionalplan Erneuerbare Energien« vorgestellt hat, ist die Windkraft im Schlaubetal in aller Munde. Geplant waren in den Landkreisen Oder-Spree und Märkisch-Oderland sowie der kreisfreien Stadt Frankfurt (Oder) neben Schneeberg und Mixdorf 33 Windparks. Mit 7.378 Hektar entsprach das einer Fläche von 1,6 Prozent der Region. Bis 2040 aber will das Land Brandenburg 2,2 Prozent der Fläche für Windkraft nutzen.

Auch im nahen Mixdorf laufen die Menschen Sturm gegen die geplanten Windräder. Dort trägt der geplante Windpark die Nummer 61. Die Höhe der Windräder ist dieselbe wie in Schneeberg. Am Ortsausgangsschild von Mixdorf Richtung Grunow konnte man sich lange Zeit ein Bild davon machen, wie sich der Windpark über die Landschaft erheben würde. Auf der großflächigen Plane einer Bürgerinitiative war eine entsprechende Simulation zu sehen. Die Windräder der neuen Generation stellen sogar den Berliner Fernsehturm in den Schatten.

»Der Wind, der Wind, das himmlische Kind«, heißt es bei Hänsel und Gretel auf die Frage der Hexe, wer an ihrem Häuschen knabbere. Ein himmlisches Kind könnte der Wind auch bei der Produktion von Strom sein. Wind und Sonne statt Kohle und Gas. Ein neuer, ein erneuerbarer Energieträger statt der fossilen, das käme jener epochalen Energiewende gleich, die vor zweihundert Jahren das Land verändert hat. Damals hat die Kohle das Holz als Energieträger Nummer eins abgelöst und die wenigen verbliebenen Wälder davor bewahrt, abgeholzt zu werden. Weil fortan die Kohle die Energie lieferte, konnte wieder aufgeforstet werden. Dass der Landkreis Oder-Spree mit 38 Prozent Wald der am meisten bewaldete Landkreis Brandenburgs ist, hat auch mit diesem Paradigmenwechsel zu Beginn der Industrialisierung zu tun.

Ein himmlisch Kind aber war die Kohle nicht. Allein das Kraftwerk Jänschwalde stößt europaweit die vierthöchsten CO2-Emissionen aus. Hinzu kommt die Senkung des Grundwasserspiegels durch das Abpumpen des Grundwassers für den Tagebau. Viele Seen und Moore im Süden des Naturparks Schlaubetal stehen vor dem Aus. Und dann ist da der Hitzestress für die Bäume infolge des Klimawandels. Nicht himmlisch ist das, sondern hausgemacht.

Warum bekommen Windräder und Solaranlagen solchen Gegenwind? Das wollen wir bei unserem Besuch in Schneeberg herausfinden. Bei René Breitung und seiner Frau Sylvia erfahren wir, dass das viel mit der Kommunikation und noch mehr mit der Frage zu tun hat, wer von den Erneuerbaren profitiert.

Das mit der Kommunikation von »Schneeberg 50« ging so: Im ersten Regionalplan war der bereits geplante Windpark zunächst gestrichen worden. Ein Rotmilan hatte ihn aus dem Rennen geworfen. Im Regionalplan von 2018 war der Windpark wieder im Spiel. War der Rotmilan weg? Auch René und Sylvia Breitung haben das gefragt. Keiner konnte ihnen die Frage beantworten. Vor allem diejenigen hielten sich bedeckt, auf deren Grundstücken die Windräder entstehen sollten. Wie die meisten im Schlaubetal haben auch René und Sylvia Breitung den Roman *Unterleuten* von Juli Zeh gelesen. »Wie in Unterleuten« ist oft zu hören in Ostbrandenburg. Auch die Breitungs sagen es. Es ist kein literarisches Urteil, sondern die Vermutung, dass nicht alles mit rechten Dingen zugeht.

Die Stadtverordneten in Beeskow wollten zumindest das Schlimmste verhindern. Nicht 250 Meter sollten die 14 geplanten Windräder in die Höhe schießen, sondern nur 200 Meter.

Dafür wurde ein Bebauungsplanverfahren eingeleitet. Die Planung sollte der Investor des Windparks finanzieren, die Beeskower Firma Loscon GmbH. Dann aber ging alles zurück auf Start. Im September 2021 kippte das Oberverwaltungsgericht Berlin-Brandenburg den Regionalplan wie zuvor schon in drei anderen der insgesamt fünf Planungsregionen.

Seitdem ist die Situation unübersichtlich geworden, manche sprechen gar von einem Krimi. Hätte der Regionalplan Gültigkeit behalten, hätten die Windräder nur innerhalb der von ihm ausgewiesenen Windeignungsgebiete wie in Mixdorf oder Schneeberg errichtet werden dürfen. »Nun dürfen Investoren überall in Brandenburg Windparks beantragen«, sagt René Breitung. Um Wildwuchs zu verhindern, verhängte die Landesregierung ein dreijähriges Moratorium, das inzwischen aber wieder zurückgezogen wurde. Unter Hochdruck arbeiten die fünf Regionalen Planungsgruppen seitdem an neuen Regionalplänen. Wann diese fertig sein sollen, steht in den Sternen. Aber schon jetzt ist klar: Die neuen Regionalpläne werden keine »Ausschlusspläne« mehr sein, sondern eine »Angebotsplanung« für »Vorranggebiete«. Soll heißen, die Windparks sollen vorrangig in den ausgewiesenen Gebieten gebaut werden, aber auch ein Bau außerhalb ist nicht ausgeschlossen.

Loscon drückt inzwischen aufs Tempo. Schon ab 2024 sollen die ersten vier Windräder in Schneeberg errichtet werden, berichten die Breitungs. Die Baugenehmigung ist bereits beim Brandenburger Landesamt für Umwelt beantragt worden. »Die geplanten vier Windkraftanlagen vom Typ Vestas V162 bringen es auf eine Gesamthöhe von 250 Meter, die Nabenhöhe liegt bei 169 Metern, die elektrische Leistung jeder Anlage wird mit 7,2 Megawatt angegeben«, berichtet die *Märkische Oderzeitung*. »Prognostiziert wird für den Standort ein jährlicher Ertrag von 76.000 Megawattstunden ins Netz eingespeister Strom. Das sei die Menge, um etwa 17.000 Haushalte zu versorgen.« Für den Aufbau der vier Windräder sind 900 LKW-Fahrten nötig, die Materialtransporte für Kranstellflächen und Wegebau kommen noch dazu.

»Wir haben in der Stadtverordnetenversammlung beantragt, die Bebauungsplanung fortzusetzen«, sagt René Breitung. Doch der Antrag wurde abgelehnt. Nach dem Aus für den Regionalplan müsste nicht der Investor, sondern die Kommune für die Kosten der Planung aufkommen. Stattdessen schlägt Beeskow nun vor, die Genehmigung mit zwei Hinweisen zu versehen. So soll das Landesamt für Umwelt prüfen, ob die im B-Plan-Entwurf vorgesehene Höhenbegrenzung nicht übernommen werden könne. Außerdem solle geprüft werden, ob der Milan nicht doch noch in der Gegend nistet und von den Windrädern gefährdet sei.

Aber was sind schon »Hinweise« wie diese in Zeiten, in denen auch für den Ausbau erneuerbarer Energien »Tesla-Tempo« gefordert wird? In denen die bisherigen Abstandsregeln von tausend Metern von Wohnhaus zu Windrad halbiert werden sollen, wenn ein Bundesland das Ausbauziel von zwei Prozent der Landesfläche verfehlt? In denen die Gegner der Windkraft als rückständig diffamiert werden, meistens von Städtern, die dann beim Ausflug nach Brandenburg einen großen Bogen um die verspargelte Landschaft machen? Denn der Wind hat sich gedreht. Im Aufwind sind nicht nur die Bauern, die ihre Flächen verpachten, sondern auch die Investoren.

»Loscon hat bereits erklärt, dass ein Windrad mit nur 200 Metern Höhe nicht wirtschaftlich sei«, ärgert sich René Breitung. »In ihre Unterlagen aber lassen sie sich nicht schauen.« Inzwischen haben Breitung und der Ortsbeirat in Schneeberg einen Alternativvorschlag gemacht. Sonne statt Wind. »An den Windrädern verdienen nur die Investoren und die Verpächter der Flächen«, sagt er. »Uns als Bürgern bleibt nur der Anblick der Anlagen.« Photovoltaikanlagen auf den Dächern würden dagegen nicht ins Landschaftsbild eingreifen.

Bei der Stadt Beeskow hat Breitung einen Förderantrag gestellt. Es soll geprüft werden, wie die Hausbesitzer unterstützt werden können. Breitung selbst schwebt eine gemeinwohlorientierte Lösung vor. So wie in Oelsen oder wie in Steinhöfel. Auch die Bürgerinnen und Bürger, sagt er, sollen von der Energiewende profitieren.

Ortswechsel. Wer vom malerischen Steinhöfel Richtung Neuhardenberg fährt und links nach Tempelberg abbiegt, steht kurz hinter dem Waldrand vor einem Feld. Ein abgeernteter Maisacker, der noch nicht wieder bestellt wurde. Schon im kommenden Jahr könnte hier eine so genannte Agri-Photovoltaik-Anlage entstehen. Unten Landwirtschaft, oben Solarenergie. Ein neues Kapitel der Landnutzung. Und auch der Kommunikation mit den Bürgerinnen und Bürgern.

»Klimapark« nennt die Firma Sunfarming GmbH aus Erkner das Vorhaben. Neben der Fläche in Tempelberg sollen in sieben weiteren Ortsteilen von Steinhöfel Agri-PV-Anlagen entstehen. »Insgesamt planen wir mit einer Fläche von 550 Hektar«, sagt Sunfarming- Geschäftsführer Martin Tauschke. Fast 500 Megawatt Energie sollen die Photovoltaik-Anlagen erzeugen. Das ist mehr, als das Heizkraftwerk Mitte in Berlin liefert, das mit 440 Megawatt bis zu 600.000 Haushalte mit Strom versorgen kann.

Der Clou dabei: Die Landwirte sollen die Felder weiter bestellen. »Bei unseren Agri-PV-Anlagen steht die Doppelnutzung im Vordergrund«, betont Tauschke. »Entweder extensiv, zum Beispiel mit Blühstreifen, oder intensiv mit Viehhaltung oder dem Anbau von Kräutern, Obst und Gemüse.«

Inzwischen sind die ersten Vorentwürfe der Bebauungspläne ausgelegt worden. »Wir arbeiten gerade die Einwände ab und wollen dann den finalen Bebauungsplan erarbeiten, der danach in den Ortsbeiräten und im Gemeinderat beraten wird«, sagt Tauschke. Nach dem Beschluss soll dann 2023 der erste Spatenstich erfolgen.

Brandenburg ist zuallererst Windland: Laut dem Wirtschaftsministerium in Potsdam sind im Land derzeit knapp 4.000 Windenergieanlagen mit einer Gesamtleistung von 7,6 Gigawatt in Betrieb. Laut der neuen Energiestrategie sollen es bis 2040 15 Gigawatt sein, die von Windrädern erzeugt werden. Das entspricht einer Verdoppelung der bisherigen Menge. Nicht nur durch den Bau neuer Windparks soll das gelingen, sondern auch durch das »Repowering« alter Anlagen. Auch in Landschaftsschutzgebieten, so sieht es die Energiestrategie vor, sollen nun Windparks gebaut werden dürfen. 2045 will Brandenburg dann klimaneutral sein.

Aber Brandenburg ist auch Solarland. Mit fast 50.000 Photovoltaik-Anlagen und einer Leistung von 4,5 Gigawatt lag das Land 2021 auf dem fünften Platz nach Bayern, Baden-Württemberg, Nordrhein-Westfalen und Niedersachsen. Bis 2030 sollen 18 Gigawatt mit Solarstrom erzeugt werden, 2040 sogar 33 Gigawatt. Damit würde die Sonne mehr als doppelt so viel Strom liefern als der Wind.

Beim Zubau neuer Anlagen 2022 aber war Brandenburg schon auf Platz drei. Dennoch ist da noch mehr möglich, zumal die meisten der Anlagen laut Energie- und Klimaschutzatlas nur Leistungen von unter zehn Megawatt vorweisen können. Der Klimapark in Steinhöfel wäre nicht nur Brandenburgs erste Agri-PV-Anlage, sondern auch die leistungsstärkste PV-Anlage im Land. Wäre das nicht auch Stoff für einen Roman? »Unter Strom« zum Beispiel?

Zum himmlischen Kind kommt nun also auch die Sonne. Für Kommunen und Dörfer ist das ein verlockendes Angebot. Auf keine Regionalpläne müssen sie bei PV-Anlagen Rücksicht nehmen, auch auf keine aufwändigen Genehmigungsverfahren durch das Landesamt für Umwelt. Ein einfacher Bebauungsplan reicht. Wollten René und Sylvia Breitung und die anderen Schneeberger nicht nur auf den Dächern Solaranlagen errichten, sondern auch auf Freiflächen, könnte Beeskow mit einem Bebauungsplan Baurecht schaffen.

Aber was haben die Menschen davon? Mal bietet der Investor einer PV-Anlage verbilligten Strom an, mal eine Ladesäule für Elektroautos, oft aber auch gar nichts. Eine im Erneuerbare Energien-Gesetz enthaltene Richtlinie, dass ein »Vorhabenträger«, also der Investor, 0,2 Cent pro eingespeister Kilowattstunde an die Kommune abgeben soll, kommt nicht immer zum Tragen. Vor der Erteilung einer Baugenehmigung darf eine solche Vereinbarung nämlich nicht geschlossen werden. So sollen Absprachen unter der Hand und Korruption ausgeschlossen werden.

Käme eine solche Einigung in Steinhöfel zustande, würde das zusätzliche Einnahmen von einer Million Euro im Jahr bedeuten, sagt Janina Messerschmidt. Auch deshalb stoße das Vorhaben von Sunfarming auf viel Akzeptanz. Hinzu komme das Angebot eines Bürgerstromtarifs für die Bewohnerinnen und Bewohner sowie Ladesäulen für Elektroautos in allen beteiligten Ortsteilen. Die Anlagen selbst sollen hinter Hecken versteckt oder in kaum einsehbaren Senken gebaut werden, so dass das Landschaftsbild nicht beeinträchtigt wird. »Die Sunfarming ist gut in ihrer Kommunikation«, sagt Messerschmidt. »Und sie reagieren auch. So ist eine Fläche herausgenommen worden, die sich an einer Hanglage befindet, auf die man vom Dorf schauen kann.«

Janina Messerschmidt ist vor einigen Jahren von Berlin nach Steinhöfel gezogen, im Ortsteil Heinersdorf saniert sie mit drei weiteren Familien das ehemalige Gemeindegebäude. Auf dem Dach ist eine Photovoltaikanlage installiert. Das Vorhaben von Sunfarming sieht sie als Chance. »Wir müssen innovativ sein«, sagt Messerschmidt. »Mit dem Klimapark kann ich die Region entwickeln und auch mal groß denken. Bisher ging das nicht.«

Messerschmidt, die auch in der Gemeindevertretung sitzt, ist vom Fach. Als promovierte Klimaforscherin beschloss sie, die Wissenschaft zu verlassen und die Bürgerenergiegenossenschaft BEOS eG in Steinhöfel aufzubauen, um erneuerbare Energien in die Region zu bringen. »So wie bisher«, ist Messerschmidt überzeugt, »können wir nicht weitermachen.«

Aber auch für die Bürgerenergie ist der Weg noch weit. Bislang sind es für den Dialog offene Investoren wie die Sunfarming in Erkner oder eher dialogscheue wie Loscon in Schneeberg, die Solar- oder Windparks vorantreiben. Wer wie Janina Messerschmidt eine Bürgerenergie-Genossenschaft gründet, hat mit hohen Planungskosten und viel Bürokratie zu kämpfen.

Auch das könnte Stoff für einen Roman sein. »Unter Paragrafen«.

SOLIDARISCH ACKERN

Berlin-Mitte, Reudnitz

Das Futurium will mehr sein als ein Ausstellungshaus. Allein die Architektur des »Hauses der Zukünfte« unweit des Berliner Hauptbahnhofs ist ein Versprechen. Wer das futuristische Gebäude der Architekten Jan Musikowski und Christoph Richter betritt, steht in einem gläsernen Spielzimmer. Die Botschaft all der Mitmachstationen und partizipativen Formate ist mit Händen greifbar. Die Zukunft ist machbar, es kommt auf jeden einzelnen an.

Schon vor der Eröffnung der Ausstellung im September 2019 war ich im Futurium gewesen. 2018 war das, beim Tag der Architektur der Berliner Architektenkammer. Musikowski und Richter hatten das Publikum durch das damals noch leere Gebäude am Alexanderufer geführt. Lediglich das Konzept für die Bespielung der drei Geschosse stand zu diesem Zeitpunkt fest. »Im Untergeschoss sind Werkstätten, das ist der Workshopbereich, da arbeitet man an der Zukunft, wobei man auch mal scheitern darf«, erklärte Architekt Christoph Richter. »Das Untergeschoss haben wir Cave genannt.« Oben in der Cloud werde schließlich die Zukunft ausgestellt, wobei das Verhältnis des Menschen zur Technik, zur Natur und zu sich selbst im Mittelpunkt stehe. Cave, Cloud, und dazwischen das Erdgeschoss als Atrium. Diese Leitidee hatte das Preisgericht überzeugt. Und natürlich auch der Skywalk auf dem Dach.

Seit diesem Tag konnte ich es kaum erwarten, bis die Ausstellung eröffnete. Als ich sie dann zum ersten Mal sah, war ich überwältigt und erschlagen zugleich. Erst nach und nach erschloss sich mir die Umsetzung des Konzepts, Mensch, Natur und Technik zueinander in Beziehung zu setzen. Immer wieder ergeben sich dadurch Überschneidungen. Das Leben in den Städten der Zukunft wird, als Collage architektonischer und utopischer Entwürfe, unter der Rubrik »Stadtdschungel« und damit im Bereich »Natur« ausgestellt. Vertikale Landwirtschaft und nachwachsende Baustoffe sind ein Thema, aber auch der Umgang mit Ressourcen wie Wasser und Energie. Themen wie Bürgerenergie oder nachhaltige Landwirtschaft sind dem Bereich »Mensch« zugeordnet. Über allem aber steht die Frage: »Wie wollen wir leben?«

Nur, wer ist dieses wir? Der »urbane Dschungel« lässt jedenfalls keinen Zweifel daran, dass der Mensch mehr noch als heute in Zukunft in den großen Städten leben wird. Um diese Herausforderungen zu bewältigen, müssen die Städte große Labore und Werkstätten werden. Wie das aussehen kann, habe ich bereits beim Tag der Architektur 2017 in der Malzfabrik in Berlin-Schöneberg gesehen. Dort werden in einem 2.000 Quadratmeter großen Gewächshaus jährlich 35 Tonnen Fisch und Gemüse gezüchtet und gezogen. Möglich ist das durch die so genannte Aquaponik, bei der Exkremente aus der Fischzucht als Nährstoffe für Pflanzen verwendet werden, habe ich damals erfahren. Und auch, dass das »Berliner Hauptstadtbasilikum« aus der Malzfabrik stammte und nicht aus Brandenburg. Die vertikale Landwirtschaft, die nicht auf Äckern, sondern über mehrere Geschosse hinweg in der Stadt betrieben wird, ist keine Zukunftsmusik, sie hat längst begonnen. Allerdings verbraucht sie noch deutlich mehr Energie als die herkömmliche Landwirtschaft.

Kommt die Zukunft in der Stadt bald ohne das Land aus? Im Futurium scheint es fast so. Selbst der Befund, dass das Leben in Großstädten das Risiko steigert, psychisch zu erkranken, ist kein Plädoyer, aufs Land zu ziehen. Stattdessen gehe es darum, die Risiken in der Stadt zu minimieren. Zum allgegenwärtigen Trend der Selbstoptimierung kommt im »Haus der Zukünfte« also noch die Stadtoptimierung hinzu. Keine guten Aussichten für die Landwirtschaft in Brandenburg, vor allem nicht für die kleineren Betriebe, die auf »regional« und »bio« setzen. Nicht einmal 15 Prozent der in Berlin konsumierten Lebensmittel stammten 2020 aus der Mark. Dabei würden laut Zentrum für Agrarlandforschung ZALF in Müncheberg bereits die landschaftlichen Flächen in einem Radius von hundert Kilometer Umkreis reichen, um die Berlinerinnen und Berliner zu ernähren.

Von Problemen wie diesen ist im Futurium keine Rede. Auch nicht von den fehlenden Wertschöpfungsketten, die verhindern, dass das, was in Brandenburg geerntet wird, in Berlin auf den Teller kommt. Eigene Schlachthöfe? Nur drei gibt es, mobile Schlachthöfe sind erst seit 2022 erlaubt. Kartoffelschälmaschinen, damit die Erdäpfel aus der Mark in den Berliner Mensen und Kantinen landen? Gab es nicht, bis vor einem Jahr. Mostereien? Gibt es in Oder-Spree nur eine, in Buckow bei Beeskow. Molkereien? Da ist immerhin Besserung in Sicht. Zuletzt ging in Stremmen in der Gemeinde Tauche eine neue an den Start.

Wer also Apfelsaft, Käse, Fleisch, Kartoffeln oder verarbeitete Produkte haben will, kann sicher sein, dass nur der geringste Teil aus der Region kommt. Immerhin fördert das Landwirtschaftsministerium inzwischen den Aufbau regionaler Wertschöpfungsketten, etwa bei der Verarbeitung von

Kichererbsen. Auch die Regionalwert AG Berlin-Brandenburg hat zahlreiche Projekte initiiert, andere wollen mehr Brandenburg an Berlins Schulen auf den Teller bringen. Von Selbstversorgung in der Region kann allerdings keine Rede sei. Der Großteil dessen, was in Brandenburg geerntet oder produziert wird, landet auf dem Weltmarkt.

Nadine Peinelt arbeitet nicht für den Weltmarkt. Nicht einmal in Berlin kommt ihr Gemüse auf den Teller, obwohl die Wertschöpfungskette für Gemüse und Molkereiprodukte noch halbwegs funktioniert zwischen Stadt und Land. Nadine Peinelt braucht auch keine Zwischenhändler, keinen Supermarkt und keine Abholstation. Selbst den Preis für das, was sie im GemüseGut Reudnitz erntet, legt nicht der Markt fest, sondern eine Bieterrunde der Menschen, die ihren Betrieb finanzieren.

Zumindest ist das der Plan. Bislang hat die 1986 im thüringischen Gotha Geborene ihr Gemüse für die Selbstversorgung angebaut. Nun will sie 2023 mit ihrer SoLaWi, der Solidarischen Landwirtschaft, starten. »Natürlich ist das toll, dass es Abokisten der Biohöfe für die Berliner gibt«, sagt sie. »Ich möchte aber nicht nach Berlin rein und wieder rausfahren. Es scheint, dass es nicht nur in Berlin Abnehmer für mein Gemüse gibt, sondern auch hier in der Region.«

Reudnitz ist ein hübsches Dorf zwischen Grunow und Friedland mit etwas mehr als hundert Einwohnerinnen und Einwohnern. Die Bevölkerungsdichte von Friedland, zu dem Reudnitz gehört, beträgt 17 Einwohner pro Quadratkilometer. Das gilt vielerorts als wenig oder gar nicht besiedelt. In Berlin sind es mit 4.112 fast 250-mal so viele. Farbe ins Dorf bringt die unter Denkmalschutz stehende, gelb getünchte Kirche. Zum Einkehren stehen die Dorfkneipe und zum Übernachten der Sonnenhof zur Verfügung. Mit dem Dammühlenfließ steht das Dorf in Verbindung mit dem Zeuster und dem Oelsener See. Eine Besonderheit ist die Dorfstruktur selbst. Reudnitz ist kein Straßendorf wie Oelsen und kein Angerdorf wie Grunow, sondern ein Sackgassendorf.

Kurz vor dem Ende der Sackgasse liegt der Hof, in dem Peinelt ihre Solidarische Landwirtschaft vorbereitet. Zwei Tage vor unserem Besuch Mitte Januar 2023 hat sie zu einem Offenen Hof eingeladen. Vom Zuspruch war sie überrascht. »Sechzehn Leute sind da gewesen«, freut sie sich. Für Nadine Peinelt ist es auch eine Bestätigung, dass sie nun loslegen kann, dass ihre Geschäftsidee funktioniert, dass es nicht nur eine Zukunft für die vertikale Landwirtschaft in den Städten gibt, sondern auch für die horizontale Landwirtschaft im Brandenburger Osten. »Bis Ende Januar mache ich die Anbauplanung und die Kostenplanung fertig«, sagt sie, »danach kommt die Bieterrunde.«

Anbauplanung und Bieterrunde gehören zum Grundwortschatz der Solidarischen Landwirtschaft, bei der es nicht nur um die Lieferung von Gemüsekisten geht, sondern um das Wirtschaften selbst. Wer eine Gemüsekiste bekommt, ist nicht nur Kunde, sondern, auch wenn Peinelt das so nicht sagen würde, ein temporärer Investor oder Anleger. Ernteanteile ist der dritte Begriff des Grundwortschatzes. Wer einen Ernteanteil zeichnet, ermöglicht dem Betreiber einer Solidarischen Landwirtschaft unabhängig vom Lebensmittelpreis zu wirtschaften. Auch ein Ernteausfall kann so kompensiert werden. Eine Verbrauchergemeinschaft übernimmt also die Kosten für den Betrieb und teilt sich die Ernte. Nadine Peinelt hofft, dass bei der Bieterrunde zwanzig Menschen zusammenkommen, die sich auf den Preis einigen und einen Ernteanteil zeichnen. Das wäre ein Start, und die Kosten für den Gemüseanbau wären in diesem Jahr gedeckt. Die Vorbereitungen hat sie längst getroffen, nichts will sie dem Zufall überlassen. Bei einem Rundgang über den Hof zeigt sie die Beetblöcke, die selbst gebauten Gewächshäuser, den Acker, auf den im Frühjahr ein Folientunnel kommt. 7.000 Euro kostet er, insgesamt wird sie etwa 20.000 Euro investieren. Die Kosten für einen Ernteanteil sollen pro Haushalt bei 20 bis 25 Euro in der Woche liegen. Dafür stehen jeden Donnerstag auf dem Hof die Erntekisten bereit, aus denen sich die Ernteteiler bedienen können. »Die Saison geht von Mai bis Ende Oktober«, sagt Peinelt.

Eine gelernte Gärtnerin ist die Thüringerin nicht. An der Hochschule für nachhaltige Entwicklung in Eberswalde hat sie Landschaftsnutzung und Naturschutz studiert. Beim Studium hat sie ihren Mann kennengelernt. Zusammen mit ihrem Sohn haben sie in Erfurt gelebt, bevor es dann nach Reudnitz auf den Hof der Schwiegereltern ging. »Mein Mann und ich haben gesagt, wir können uns vorstellen, hierherzukommen und Gemüse anzubauen.« Schon zuvor hatte sich die Frage gestellt, was aus dem Hof einmal werde. »Mein Mann hat noch eine Schwester, aber die wohnt nicht hier. Also haben wir gesagt: Probieren wir es mal aus, ob wir hier zusammenwohnen und das bewirtschaften können. Und die Schwiegereltern unterstützen uns jetzt dabei.«

Und die Leute im Dorf? Die sind skeptisch, lacht Nadine Peinelt, »haben gefragt, na, ob das was wird?«. Geduldig hat sie erklärt, wie das funktioniert mit der Solidarischen Landwirtschaft. Beim Offenen Hof im Januar 2023 war keiner aus dem Dorf dabei. Aus der Umgebung aber schon. Es sind oftmals, wie sie selbst, Zugezogene, hat sie beobachtet. »Sie kamen aus Groß Briesen, einige aus Beeskow, aus Krügersdorf, aus Leißnitz.«

»Es ist auf jeden Fall Solidarische Landwirtschaft für die Region und nicht für die Berliner«, sagt Nadine Peinelt. Allerdings weiß sie selbst, dass es in der Region noch viel zu tun gibt. Auf der Übersichtskarte des Netzwerks Solidarische Landwirtschaft ist das GemüseGut in Reudnitz der einzige Eintrag im Landkreis Oder-Spree. Hinzu kommen noch die PlantAge in Markendorf, das zu Frankfurt (Oder) gehört und einige Initiativen im Landkreis Märkisch-Oderland. Nicht besser sieht es in der Lausitz aus. Von einer Selbstversorgung ist die Region noch weit entfernt.

Im Futurium gehört der Solidarischen Landwirtschaft dagegen schon die Zukunft. Berichtet wird von Japan, wo in den 1960er Jahren alles angefangen hat, und vom Buschberghof in Schleswig-Holstein, der 1988 als erster Landwirtschaftsbetrieb in Deutschland auf SoLaWi umgestellt hat. Inzwischen gibt es deutschlandweit über 300 SoLaWi-Betriebe. Ganz bestimmt eine Erfolgsgeschichte. Aber gehört ihr wirklich die Zukunft? Denn die Flächen, die die Verbrauchergemeinschaften und ihre Betriebe beackern, sind wie der von Nadine Peinert in Reudnitz meist klein. In Ostdeutschland kommt noch hinzu, dass die großen Agrargenossenschaften die Landwirtschaftsstruktur prägen und nicht, wie im Süden der Republik, mittelständische Höfe. Rund 250 Hektar ist ein Hof in der Mark im Schnitt groß, weiß das Amt für Statistik Berlin-Brandenburg, in Bayern und Baden-Württemberg sind es 35 Hektar. Entsprechend hoch ist dort mit 45 und 55 die Zahl der SoLaWis, in Brandenburg beträgt sie 17.

Nadine Peinelt lässt sich von solchen Dingen nicht beirren, sie hält sich an das, was möglich ist, wirbt auf Instagram für ihr GemüseGut, baut Stück für Stück die SoLaWi auf und bietet seit 2022 auch Wildkräuterspaziergänge an. »Dabei geht es darum, auch die kulinarischen Schätze zu entdecken, zum Beispiel Vogelmiere.«

Als wir von Reudnitz zurück nach Grunow fahren, frage ich mich, was in einem »Futurium« zu sehen wäre, das auf dem Land entstehen würde. Wäre es ein futuristisches Gewächshaus, in dem die Städter lernen würden, dass nicht nur Vögel gerne die Vogelmiere naschen, sondern sie auch den Menschen schmeckt? Oder könnte das »Haus der Energie«, das die Stadt Welzow an der Kante zum Tagebau plant, ein solches Futurium sein? Es würde die Geschichte und die Zukunft der Energiegewinnung zum Thema haben und natürlich auch den Strukturwandel in der Lausitz. Vielleicht hätten ganze Städte wie Cottbus das Zeug zum Futurium. Aber wer würde es besuchen? Vielleicht ist ein Futurium tatsächlich was für Städter in Metropolen, und die Zukunft, bei der sie mitmachen dürfen, ist die Zukunft einer urbanen Welt.

Vielleicht muss man sich auf dem Land mit kleineren Brötchen zufrieden geben. Dass es eine Nachfrage in der Region nach Gemüse aus Reudnitz gibt, ist eine gute Nachricht. Und vielleicht ist es auch gut, wenn der Aufbruch in die Zukunft nicht im Tesla-Tempo startet. »Für meine Schwiegereltern ist es toll, dass es hier weitergeht mit der Landwirtschaft«, sagt Nadine Peinelt. »Natürlich ist Erneuerung gut. Aber wir sind hier auch mit einem Tempo unterwegs, dass es schwer ist für die beiden mitzuhalten, weil wir einiges an tradierten Verhaltensweisen durcheinander bringen. Also müssen wir uns auch ausbremsen.« Es sei ein Lernprozess für beide Seiten«, sagt Peinelt. »Da geht natürlich auch mal was schief und ich lerne dann wieder von meinen Schwiegereltern.«

DIE DORFHELDIN

Chossewitz, Trebnitz

Ich muss zugeben, dass ich die administrativen und politischen Strukturen auf dem Land lange nicht durchschaut habe. Im Landkreis Oder-Spree zum Beispiel, mit einer Fläche von rund 2.250 Quadratkilometern fast so groß wie das Saarland, gibt es 418 Siedlungen. Die knapp 180.000 Einwohnerinnen und Einwohner leben in sieben Städten, 18 Gemeinden, 59 Gemeindeteilen, 134 Ortsteilen und 208 Wohnplätzen.

Das 356 Einwohnerinnen und Einwohner zählende Grunow, in dem wir leben, ist verwaltungstechnisch kein Dorf, sondern ein Gemeindeteil. Zusammen mit Dammendorf bildet es die Gemeinde Grunow-Dammendorf. Das benachbarte Schneeberg ist dagegen ein Ortsteil der Stadt Beeskow, die zur Kreisstadt erkoren wurde, obwohl Fürstenwalde und Eisenhüttenstadt ein Mehrfaches an Bewohnern zählen. Oelsen, das südlich von Grunow liegt, ist dagegen nur ein Wohnplatz der Stadt Friedland. Mixdorf wiederum, auf halbem Wege nach Müllrose gelegen, ist groß genug, um eine eigenständige Gemeinde zu sein.

Noch größere Gemeinden wie Rietz-Neuendorf oder Tauche sind amtsfreie Gemeinden, sie haben eine eigenständige Verwaltung. Mixdorf dagegen gehört zum Amt Schlaubetal und ist damit eine amtsangehörige Gemeinde. 266 von ihnen gibt es in Brandenburg, sie gehören zu 50 Ämtern. 142 Gemeinden sind amtsfrei. Alles klar?

Es geht auch noch komplizierter. Manche Städte wie Friedland sind, auch wenn sie nur 750 Einwohnerinnen und Einwohner zählen, Amtsstädte. Friedland hat 16 Ortsteile, ebenso viele Wohnplätze und einen hauptamtlichen Bürgermeister. Der Bürgermeister von Müllrose wäre sicher gerne auch ein Hauptamtler, ist in Wirklichkeit aber nur ehrenamtlicher Bürgermeister, weil seine Stadt amtsangehörig ist, also zu einem Amt gehört, in diesem Fall das Amt Schlaubetal.

Lange Zeit habe ich das nicht nur nicht durchschaut. Weil es so kompliziert ist, hat es mich auch nicht besonders interessiert. Das änderte sich erst, als die *taz*, die Zeitung, bei der ich arbeite, Giuliana Giorgi einen Hausbesuch abgestattet hatte. Giorgi, las ich da, ist ein Tausendsassa, geboren in Mailand, mit linker Vergangenheit, vielbeschäftigt, weitgereist, und plötzlich landet dieser Tausendsassa in Chossewitz, einem Dorf an der Oelse, demselben Bach, zu dem ich von Grunow aus immer zu den Torfstichen gehe.

Schau mal, eine Italienerin ist Bürgermeisterin in Chossewitz, sagte ich meiner Frau und zeigte ihr den Artikel. Ist sie nicht, sagte meine Frau, nachdem sie ihn gelesen hatte. Giuliana Giorgi ist nicht Bürgermeisterin, sondern Ortsvorsteherin. Die Bürgermeister repräsentieren eine Gemeinde, die Ortsvorsteher nur den jeweiligen Ortsteil der Gemeinde oder Stadt. Einen Wohnplatz wie Oelsen repräsentiert keiner.

Ist das wirklich so kompliziert? Was macht eine Dorfvorsteherin? Warum hat es Giuliana Giorgi nach Chossewitz verschlagen? Wie wurde sie aufgenommen?

Im Winter 2022 schaffe ich es endlich, ihr eine Mail zu schreiben. Sofort antwortet sie, lädt uns zu sich ein, bevor am nächsten Tag einige Berliner zu Besuch kommen. Silvesterflüchtlinge, sagt sie.

Als meine Frau und ich das Auto vor ihrer Haustür parken, sehe ich, dass ich schon viele Male an ihrem Grundstück vorbeigefahren war, ohne zu wissen, was sich dahinter verbirgt. Hinter uns steht die Kirche, eine ähnlich hübsche Fachwerkkirche wie bei uns in Grunow, nur älter. Vor uns verläuft die Feldsteinmauer, die an ein Dorf im Süden erinnert. Von der Kreuzung, an der das Wohnhaus steht, führt die Mauer hinunter zur Oelsebrücke. Drin im Haus erzählt uns Giuliana Giorgi, dass sie die Mauer von einer Firma aus Guben hat sanieren lassen. Die lang gezogene Scheune dahinter baut sie mit einem Helfer aus, der Dachboden ist fast fertig, nur eine Heizung fehlt noch.

Nach dem Kaffee gehen wir entlang der Scheune hinunter zur Oelse, dort hat Giorgi einen Permakulturgarten angelegt. Richtung See schließt sich eine Streuobstwiese an. Auch einige Schafe hat sie hier gehalten, doch die haben die jungen Obstbäume verbissen, also hat sie die Schafe wieder abgegeben. Eine Wiese führt schließlich zur kleinen Badestelle. »Offiziell ist der Chossewitzer See kein Badesee«, erzählt sie, denn dann müsste die Stadt Friedland für Badewasserqualität sorgen. Kein Badesee heißt aber nicht, dass Baden verboten ist. Allerdings ist das Wasser trüb. »Nach dem Baden gehe ich sofort unter die Dusche«, lacht sie.

Giuliana Giorgi ist nicht nur Ortsvorsteherin, sie ist eine Landfrau, eine, die anpackt, sich nicht die Butter vom Brot nehmen lässt, die, so würden manche sagen, ihren Mann steht. Über 70 ist sie, aber drahtig und voller Energie. Überall, wo sie hinschaut, sieht sie Arbeit, ihren deutschen Wortschatz hat sie um alles erweitert, was mit Landwirtschaft, Haus und Hof zu tun hat. Wie wird man das, Landfrau, wenn man aus Italien kommt, und warum?

Da muss Giorgi etwas ausholen. Sie erzählt von ihrer Kindheit in Mailand, dem Studium der Politikwissenschaften. In den siebziger Jahren geht sie nach Deutschland, lebt in Wiesbaden in einer Wohngemeinschaft, wird Fremdsprachensekretärin, dolmetscht bei Prozessen gegen die Mafia. Schließlich 2010 der Umzug nach Berlin. Ein Stadtmensch sei sie gewesen. »Doch dann habe ich gemerkt, dass das Stadtleben ein Versprechen für Jüngere ist«, sagt sie. »Ich war für die Stadt zu alt.« Sie lacht und erzählt, dass sie für sich keine Zukunft mehr in Berlin gesehen habe. Als sie in Petershagen bei Strausberg einen Garten pachtet, weiß sie: Meine Zukunft ist das Gärtnern.

Den Garten hat sie 2017 gegen das Grundstück in Chossewitz getauscht. Seit 2019 lebt sie dort fest, ist eine Zuwanderin, wie sie diejenigen nennt, die nicht im Dorf geboren sind. Viele sind es nicht, und dennoch schenkt das Dorf ihr Vertrauen. Eines Tages steht dann die Frage im Raum: Soll ich Dorfvorsteherin werden? Die bisherige Vorsteherin fragt das, sie wurde in die Stadtverordnetenversammlung in Friedland gewählt, beides zusammen will sie nicht. Also stellt sich Giuliana Giorgi zur Wahl, wird gewählt, stellt als erstes einen E-Mail-Verteiler zusammen, doch nicht jeder im 116-Seelen-Dorf ist per E-Mail erreichbar, das merkt sie, als sie zu ihrer ersten Dorfversammlung einlädt. Fortan steckt sie die Einladungen in jeden der 56 Briefkästen. Nicht nur rund um die hübsch sanierte Fachwerkkirche leben die Chossewitzer, sondern auch auf beiden Ufern des Sees.

Was gibt es zu besprechen auf einer solchen Dorfversammlung? Das übliche, sagte Giorgi, als wir nach dem Rundgang über das Grundstück ins Wohngebäude zurückkommen. Sie nennt den städtischen Bauhof, über den sich einige Bewohner beschweren, weil der nicht immer ordentlich den Straßenrand mähe. Oder das Dorffest, das nicht zu teuer werden darf. Sechs Euro pro Einwohner und Jahr bekommt jeder Ortsteil von der Stadt Friedland, das macht in Chossewitz gut 600 Euro. Den Druck der Flyer für die 56 Briefkästen zahlt Giuliana Giorgi von ihrer Aufwandsentschädigung. 175 Euro im Monat bekommt sie als Ortsvorsteherin. Dafür gratuliert sie Senioren zum runden Geburtstag, liest Wasseruhren ab und verwaltet den Schlüssel fürs Feuerwehrhaus und die Trauerhalle. Aber sie spricht auch die Angler an, wenn sie sich wieder einmal auf den Wanderwegen breit machen, hält den Kontakt vom Dorf zum Bürgermeister im 15 Kilometer entfernten Friedland.

Je länger ich Giuliana Giorgi zuhöre, desto ratloser werde ich. Eine Italienerin ist Bürgermeisterin von Chossewitz, hatte ich zu meiner Frau gesagt, als ich den »Hausbesuch« in der *taz* gelesen hatte. Was hatte ich mir von meinem eigenen Hausbesuch erwartet? Dass sie mir revolutionäre Geschichten aus Mailand erzählt? Dass sie berichtet, wie sie sich gegen tiefsitzende Vorurteile einer Fremden gegenüber zur Wehr setzen musste? Hatte ich vielleicht erwartet, dass Giorgi den Glanz der großen weiten Welt in die ostbrandenburgische Provinz trägt?

Als ich mich von Giuliana Giorgi verabschiede, ahne ich, dass meine Ratlosigkeit auch etwas mit meinem bisherigen Desinteresse gegenüber den administrativen und politischen Strukturen auf dem Land zu tun hat. Unspektakulär ist das Leben in Chossewitz, das einzig Ungewöhnliche ist die Aussprache. Koschewitz nennt jeder im Schlaubetal das Dorf, warum, konnte mir bislang keiner erklären, auch Giuliana nicht. Einen richtigen Konflikt mit der Stadt Friedland hat sie noch nicht gehabt, hat sie mir zum Abschied berichtet. Aber vielleicht ist es gerade das Unspektakuläre, das ein solches Dorf braucht. Giuliana Girogi, das habe ich an diesem Dezembertag gelernt, ist die Kümmerin, ohne die ein 116-Seelen-Dorf auseinanderzufallen droht.

In Trebnitz würden sie sagen, Giuliana Giorgi sei eine Dorfheldin. Augenzwinkernd natürlich, aber auch ein wenig ernst gemeint. So ernst wie der Name eines Projektes, das die Bildungsstätte Schloss Trebnitz im Landkreis Märkisch-Oderland einige Jahre durchgeführt hat. »Akademie der Dorfhelden« hieß das Programm, das von der Brandenburger Landesregierung gefördert wurde, ein wenig klang das nach »Allee der Kosmonauten« oder »Helden der Arbeit«. Tatsächlich aber ging es um die Wertschätzung der Arbeit von Ehrenamtlichen, von Menschen, die aktiv durch Projekte, Initiativen und Ideen zur Lebendigkeit ihrer Orte beitragen.

»In Trebnitz sind die Dorfheldinnen und Dorfhelden Menschen aus der Zivilgesellschaft, die an politischen Prozessen mitwirken und dabei Vertreterinnen und Vertretern aus Politik und Verwaltung auf Augenhöhe begegnen wollen«, sagt Ilona Tkocz, die in Trebnitz als Bildungsreferentin arbeitet und die Akademie der Dorfhelden geleitet hat. »Diese Menschen haben wir in der Akademie geschult.«

Denn das mit der Augenhöhe ist oft mehr Anspruch als Realität. »Was ist zum Beispiel mit Investoren, die im Ortsteil einer Gemeinde oder Stadt eine Photovoltaik-Anlage errichten wollen?«, fragt Ilona Tkocz. Mit der Gemeindereform 2003 haben zahlreiche Dörfer in Brandenburg ihre Selbständigkeit verloren. Aus Bürgermeistern waren damals Ortsvorsteher geworden. Doch Ortsvorsteher haben in den Gemeinderatssitzungen oder Stadtverordnetenversammlungen kein Mitspracherecht, beklagt Ilona Tkocz. »Wenn Ortsvorsteher zu Ortsbeiratssitzungen kommen und die Leute sagen, wieso diskutieren wir das hier überhaupt, du kannst doch eh nichts mitentscheiden, dann löst das so einen Frust aus, dass man sich zweimal überlegt, ob man sich noch einmal aufstellen lässt.«

Von einem »Mangel an demokratischen Handlungsmöglichkeiten« und einer »Demokratielücke« spricht Tkocz. »Natürlich kann ich es nachvollziehen, dass es die Gebietsreformen gegeben hat und dass sie aus verwaltungstechnischen Gründen Sinn gemacht haben«, sagt sie. »Aber es darf nicht sein, dass demokratische Strukturen direkt an der Basis weggenommen werden. Das macht was mit den Menschen, da fängt was an zu bröckeln direkt ganz unten. Das ist nicht gut.«

Ist da etwas faul im Staate Brandenburg? Auch die vom Landtag eingesetzte Enquete-Kommission »Zukunft der ländlichen Regionen vor dem Hintergrund des demografischen Wandels« hat das Problem erkannt. In ihren 2019 beschlossenen Handlungsempfehlungen heißt es: »Der Ortsbeirat soll ein aufschiebendes Vetorecht gegen Entscheidungen der Gemeindevertretung haben, wenn der Ortsteil betroffen ist.« Umgesetzt wurde diese Empfehlung bislang nicht.

Nicht nur die »Akademie der Dorfhelden« war in Trebnitz zuhause. In der Bildungsstätte hat auch die »Brandenburger Dorfbewegung« ihren Sitz. 2015 hat sich der Verein gegründet und hat inzwischen ein landesweites Netzwerk aufgebaut. Was ein solches Netzwerk schaffen kann, zeigte sich zuletzt im nahen Oderbruch. Auf Initiative des Oderbruchmuseums in Altranft hat die von Friedrich II. trockengelegte Bruchlandschaft 2022 das Kultursiegel der Europäischen Union zugesprochen bekommen. Zuvor hatten sich die Gemeinden zu einem Kommunalverband zusammengeschlossen.

»Ganz toll« findet es Ilona Tkocz, was im Oderbruch geschehen ist. Genauso wichtig wie das Kultursiegel findet sie aber, »dass es gelungen ist, so viele Dörfer miteinander ins Gespräch zu bringen und miteinander zu vernetzen«. Viele Menschen, hat sie beobachtet, »wünschen sich, dass es wieder das gemeinsame Tun gibt, dass die einzelnen Ortsteile nicht gegeneinander ausgespielt werden, dass man zusammen an einem Strang zieht.«

»Dorfidentität« ist das Stichwort von Ilona Tkocz. Aber passt das in Zeiten, in denen auch auf dem Land vieles durcheinandergewürfelt und mancherorts schon Monopoly gespielt wird? Hat »Dorfidentität« nicht auch etwas Exklusives, Ausschließendes? Hätte man unter Hinweis auf die »Dorfidentität« Giuliana Giorgi in Chossewitz nicht auch auflaufen lassen können? Was ist das eigentlich, »das« Dorf?

Ilona Tkocz muss lachen. Auch sie kennt die Geschichten vom Clash, den das Zusammentreffen von Einheimischen und Zugezogenen manchmal auslöst, weiß von den Geschichten aus der Uckermark, dieser »Toskana von Berlin« und von den Folgen, die der Hype für manche Dörfer haben kann. »Nicht überall sind Palettenmöbel beliebt«, scherzt sie. »Und nicht jeder Alteingesessene aus dem Dorf fühlt sich in einem schicken Café mit Chai Latte wohl.«

Wichtig sei es deshalb vor allem, miteinander ins Gespräch zu kommen, Konflikte zu erkennen und Vorurteile abzubauen. Und sich die eigenen Geschichten zu erzählen. Dann würde manchen Städtern vielleicht bewusstwerden, dass ein Dorf keine rückständige Provinz sein muss, sondern ein Ort, an dem manchmal mehr möglich ist als in der Stadt.

Von Chossewitz und der Oelse, die an Giuliana Giorgis Grundstück vorbei plätschert, hat noch keiner von einer Toskana gesprochen. Mit dem Naturpark Schlaubetal will Giorgi demnächst über eine Blühwiese und einen Bienenlehrpfad sprechen. Auch ein paar Leute aus dem Dorf will sie bei dem Gespräch dabeihaben. »Wichtig ist doch, dass das angenommen wird«, sagt sie. Ihre politische Vergangenheit in Mailand, Wiesbaden und Berlin steht ihr dabei nicht im Wege. »In solchen Gruppen lernt man, miteinander zu reden.«

HOFFNUNGSBAY

Goyatz, Jessern, Cottbus

Was wäre Südafrika ohne das Kap der Guten Hoffnung? Ursprünglich hieß die Felsformation am südwestlichsten Zipfel Afrikas *Cabo das Tormentas,* »Kap der Stürme«. In einen dieser Stürme war 1488 der portugiesische Seefahrer und Entdecker Bartolomeu Diaz geraten, als er auf der Suche nach einem Seeweg nach Asien war. Bald aber waren sich die Seeleute einig, dass die Umseglung eines »Kaps der Stürme« nicht gerade ermutigend war. Also wurde die Landzunge bald *Cabo da Boa Esperança* genannt.

Goyatz hat kein Kap der Guten Hoffnung, aber eine Hoffnungsbay. Nicht am südwestlichsten Ende eines Kontinents liegt das Dorf mit seinen 650 Einwohnerinnen und Einwohnern, sondern am südwestlichen Ende des Schwielochsees, dem größten See in Brandenburg. Auch die Hoffnungsbay sollte Mut machen. Am Großen Schwielochsee herrschten seit jeher starke Winde, dort gab es kaum eine Möglichkeit vor Anker zu gehen. Am südlichen Ende des Kleinen Schwielochsees dagegen waren die Bedingungen besser. Hier konnten die Kähne, die aus Berlin, Stettin und von noch weiter herkamen, anlegen und ihre Waren verladen.

Ein erster Hafen entstand 1793 gegenüber von Goyatz in Jessern. Zunächst hieß die Bucht zwischen beiden Orten auf Sorbisch »Hobidna«, was so viel heißt wie »Rundumsicht« oder »Gewässerrand«. Der Name Hoffnungsbay ist seit 1797 verbürgt. Bald ging es aufwärts mit dem Schiffsverkehr am Kleinen Schwielochsee. 1846 wurde ein zweiter Hafen in Goyatz gebaut. Er trug den Namen »Hafen Hoffnungsbay«.

Hoffnungsbay, das ist wie Siehdichum ein Name, der die Fantasie auf Reisen schickt. Wer hofft, hat noch nicht aufgegeben, der verklärt nicht die Vergangenheit, sondern denkt an die Zukunft, macht vielleicht sogar Pläne. Zur Hoffnung gehört aber auch, dass sich die Dinge nicht von alleine entwickeln. Eine Erfolgsgarantie gibt es nicht. Womöglich hat Walter Benjamin an abgelegene Orte wie Goyatz gedacht, die mit aller Kraft den Anschluss an die Welt suchten: »Nur um der Hoffnungslosen willen ist uns die Hoffnung gegeben.«

Auch mich hat der Name Hoffnungsbay elektrisiert, vielleicht weil mich Orte im Abseits magisch anziehen. Nach Goyatz, in diesen verlassenen Winkel am nordöstlichen Rand des Spreewalds, war ich vor einigen Jahren zum ersten Mal gefahren, weil ich gehört habe, dass es im 19. Jahrhundert Pläne gegeben hatte, eine Eisenbahnverbindung von Berlin nach Wien zu bauen. Einer der Bahnhöfe auf der Strecke sollte Goyatz sein. Vielleicht hatte der Name Hoffnungsbay auch die Fantasie der Eisenbahnpioniere angeregt. Am Ende blieb davon nur Schall und Rauch, die Hoffnung in der Hoffnungsbay hatte sich zerschlagen.

Von Siehdichum, dem anderen geheimnisvollen Ort in der Region zwischen Spree und Oder, sind es 35 Kilometer bis zur Hoffnungsbay. Über den Kupferhammer und Mixdorf führt der Weg nach Grunow und von dort weiter Richtung Friedland. Hinter Friedland weist ein Schild nach rechts in die »Ferienregion Schwielochsee«. Auf einer schmalen Landstraße geht es über Niewisch und Speichrow nach Goyatz. Anders als bei Siehdichum, von dem man immer noch nicht weiß, warum ihm der Abt des Klosters Neuzelle im 18. Jahrhundert diesen Namen verliehen hat, ist das Namensgeheimnis der Hoffnungsbay gelüftet.

1797 hatte der Lübbener Kaufmann Carl Friedrich Pauli die Handelsablage im heutigen Jessern erworben. Im gleichen Jahr gab er in einer Mitteilung bekannt: »Zu Hofnungsbay lagern ca. 200 Cr. Carotten von den fetten Virg. Blatt, hier habe ich selbst fabrizieren lassen.«

Die Ersterwähnung der Hoffnungsbay hat der Lieberoser Historiker Andreas Weigelt gefunden. Weigelt geht davon aus, dass Pauli das Tagebuch von James Cook gelesen hatte, das 1789 ins Deutsche übersetzt worden war. Denn die einzige Hoffnungsbay, die es bis dahin gab, war die »Hope bay« auf der Insel Vancouver im heutigen Kanada. James Cook, der britische Seefahrer und Abenteurer, hatte sie bei diesem Namen genannt. In seinem Reisetagebuch hatte er notiert:

Die südöstliche Spitze des Landes ist flach, und in der Gegend branden sich die Wellen an mehreren verborgenen Klippen, daher gab ich ihr den Namen point Beackers (Die Spitze der Brandungen). Die entgegengesetzte Spitze, die ich Wood point (Waldspitze) nannte, ist hoch, erstreckt sich ziemlich weit nach Südwesten (...). Zwischen beiden bildet das Ufer eine große Bucht, welche ich Hope bay (Hofnungsbay) nannte, in der Erwartung, daselbst einen guten Hafen zu finden.

Wer Hoffnung hat, lässt den Kopf nicht hängen, wenn es wieder einmal stürmisch wird. Eine solche Hoffnungsbucht war der südliche Zipfel des Kleinen Schwielochsees auch für Heinrich Albert Liersch. 1843 reiste der damals 22-jährige Cottbuser zu einer Versammlung nach Goyatz. Spediteure und Kaufleute kamen damals zusammen, um ein wegweisendes Projekt zu besprechen: eine Eisenbahnverbindung zwischen Cottbus und Goyatz. Die Hoffnungsbay in Goyatz und Jessern, so lautete der Plan, sollte der Hafen von Cottbus werden. Wieder einmal ging es also um den Anschluss an die Welt.

Als Prokurist des Cottbuser Speditions- und Kommissionsgeschäfts »K G. Brückner Erben« wusste Liersch, dass seine Firma nur dann eine Zukunft haben würde, wenn das aufstrebende Cottbus nicht länger abgehängt war. Die Eisenbahn nach Goyatz sollte ein Ersatz für die Spree sein, denn die war von Berlin aus nur bis zum Schwielochsee schiffbar. Spreeaufwärts begann der Spreewald, ein kaum zu überwindendes Gewirr und Gewimmel von Fließen und Sümpfen. Alle Pläne, einen Kanal von Goyatz nach Cottbus zu bauen, waren aufgegeben worden. Wollten die Tuchmacher und Kaufleute in der Handelsstadt Cottbus den Anschluss nicht verlieren, mussten sie auf die Schiene ausweichen.

Welche Bedeutung Goyatz für Cottbus hatte, zeigt ein Blick in das preußische Handelsarchiv von 1848. Dort heißt es über den Schwielochsee:

Dieser See bildet einen Löschungsplatz für die Güter, welche von der Nord- und der Ostsee nach den Lausitzen, nach Böhmen und nach Österreich gehen. Mit Hamburg steht er durch die Spree, Havel und Elbe, und mit Stettin durch die Spree, den Friedrich-Wilhelms-Kanal und die Oder in Verbindung.

Es ist nicht leicht, die Hinterlassenschaften der Häfen in der Hoffnungsbay zu finden, auch wenn noch immer eine Straße gleichen Namens in Jessern zur Seglergemeinschaft Schwielochsee e.V. führt. Weiter oben steht der denkmalgeschützte ehemalige Gasthof Hoffnungsbay. Kein Weg führt dahin, das zweistöckige Fachwerkgebäude aus dem 18. Jahrhundert mit seinem markanten Krüppelwalmdach ist eingezäunt.

Auch in Goyatz erinnert nur wenig an die Geschichte des Hafendorfs. Immerhin führt von der Bahnhofstraße ein Weg mit dem Namen »Kaymauer« hinunter zum Seeufer und zum Hotel und Restaurant »Hafen-Terrasse«. Restaurant und Hotel befinden sich in einem ehemaligen Speichergebäude, das errichtet wurde, als die Cottbus-Schwielochsee-Eisenbahn, für die sich Heinrich Albert Liersch stark gemacht hatte, bis zum Seeufer führte.

Unten am Wasser versuche ich mir das Treiben vorzustellen, das damals an der 56 Meter langen Kaimauer geherrscht haben musste. Bis zu zwanzig Kaffenkähne lagen manchmal in der Bucht und hofften darauf, dass ihre Ladung gelöscht wird. Über die Spree kamen Hering, Tran, aber auch Rüdersdorfer Kalk in den »Hafen Hoffnungsbay« und wurden auf die Fuhrwerke verladen. Im Gegenzug gingen Holz, Eisenwaren und natürlich Textilien auf die Kähne. Dem Handelsarchiv von 1848 ist zu entnehmen, dass Cottbus, das damals noch Kottbus hieß, Handelsverbindungen in alle Welt aufgebaut hatte:

Der Handelsstand von Kottbus unterhält für den Handel mit roher Baumwolle, Twist, Rohkupfer, Rum, Südfrüchten, Gewürzen, Kaffee, Reis, Baumöl, Palmöl, Thran, Droguerie- und Farbewaaren, Farbhölzern, Blechen etc. Verbindungen mit Manchester, Liverpool, London, Amsterdam, Rotterdam, Havre, Bordeaux, Marseille, Malaga, Galipoli, Triest und New York.

Ein Hafen von Welt ist Goyatz Mitte des 19. Jahrhunderts. Um den Transport auf der Spree bis zum Schwielochsee zu koordinieren, unterhielt Cottbus in Hamburg einen eigenen »Schiffs-Procureur«. Er überwachte die »Rangschifffahrt« mit den Kähnen, die 800 bis 1000 Zentner Ladung fassten. 60 bis 80 solcher Großtransporte gingen im Jahr von Hamburg nach Goyatz. Etwas kleiner waren die Kähne, die von Stettin kamen. Aber auch von der Oder kamen jedes Jahr 180 bis 200 Schiffsladungen in der Hoffnungsbay an. »Die im Schwieloch-See ankommenden Güter finden an den beiden Ausladepunkten einen den Erfordernissen genügenden Empfangs- und Aufbewahrungsort mit ziemlich umfangreichen, dem Verkehr entsprechenden Lagerhäusern«, heißt es im preußischen Handelsarchiv.

Allerdings war der Weitertransport nach Cottbus lange Zeit beschwerlich gewesen, schreibt Peter Becker in seinem Buch *Spreewaldbahnen*: »Die Sandwege waren von vielen Schwerlastfuhrwerken derart zerfurcht, dass die Tiere die Lasten kaum ziehen konnten. (…) Manchmal dauerte es Wochen, bis die Waren in Cottbus ankamen.«

Als Hafen konnte Goyatz für Cottbus nur erfolgreich sein, wenn er an die Schiene angeschlossen war. Bereits drei Jahre nach dem Treffen der Spediteure und Kaufleute, zu dem Heinrich Albert Liersch gereist war, hatte die Cottbus-Schwielochsee-Eisenbahn 1846 ihren Betrieb aufgenommen. Cottbus und der Spreewald hatten endlich eine Schienenverbindung mit der Welt. Sogar die Touristen kamen nun an den Schwielochsee. Ab 1849 verkehrte das Dampfschiff »Constitution« regelmäßig zwischen Berlin und Goyatz. Die Verbindung nach Stettin übernahm die »Neue Dampfer-Compagnie Stettin«.

Wie würden Goyatz und Jessern heute aussehen, wenn sich die Hoffnungen in dieser Bucht erfüllt hätten? Würde mehr als ein Speicher an der Wasserfront stehen? Würden Handelskontore den Weg vom Hafen zum Bahnhof säumen? Gäbe es vielleicht wirklich die Möglichkeit, in einen Zug nach Wien oder Berlin zu steigen?

Wer sich heute in Goyatz umsieht, merkt schnell, dass solche Fragen müßig sind. Schon 1879 wurde der Betrieb der Cottbus-Schwielochsee-Eisenbahn wieder eingestellt. Weil die privaten Mittel, die Liersch und seine Mitstreiter eingeworben hatten, für eine moderne Dampfeisenbahn nicht gereicht hatten, war lediglich eine Pferdeeisenbahn gebaut worden. Die aber war bald unrentabel, denn 1866 wurde der Spreewald mit den Bahnhöfen Lübben und Lübbenau an die Berlin-Görlitzer Eisenbahn angeschlossen. Auch die »Bimmelguste« genannte Spreewaldbahn, deren Bahnhofsgebäude heute das Wahrzeichen von Goyatz ist, konnte die Verbindungen in die Welt nicht wieder aufnehmen.

Vielleicht ist in Goyatz heute auch deswegen so wenig vom einstigen Hafen zu sehen, weil die Hoffnungen in der Hoffnungsbay enttäuscht wurden, denke ich, als ich mich von der »Hafen-Terrasse« auf den Weg zur gegenüberliegenden Seite der Bucht mache. Nicht weit von dem Ort entfernt, an dem der Kaufmann Carl Friedrich Pauli seiner Handelsablage den Namen Hoffnungsbay gegeben hat, befindet sich heute der wohl malerischste Platz am Schwielochsee, das Strandcafé Jessern. Eine geradezu mittelmeerische Stimmung hat Tomás Calvo Guerrero an diesen Ort gezaubert, auf der Terrasse kann man unter einem filigranen Holzdach sitzen und beim Aperitiv oder bei Tapas und spanischem Rotwein den Blick auf den Sandstrand und den Sonnenuntergang genießen. Ein Hauch von Süden im Osten Brandenburgs.

Tomás Calvo Guerrero stammt aus der Nähe von Madrid, schon als Kind hat er an einem See im heißen Kastilien die Restaurants beobachtet, die am Ufer eines Sees ihre Gäste bedienten. »Da habe ich als kleiner Junge davon geträumt, dass ich, wenn ich einmal groß bin, auch ein Restaurant am See haben will«, sagt er. »Jetzt habe ich das.«

Das Strandcafé atmet, wie es so schön heißt, den Geist des Orts. Ende der zwanziger Jahre wurde es gebaut, ein bisschen Bäderarchitektur aus Holz ist seitdem in Jessern. »Zu DDR-Zeiten war hier eine Partylocation, deshalb haben viele Gäste gute Erinnerungen an das Strandcafé«, sagt Simone Dohmann, die Geschäftspartnerin von Calvo Guerrero. Nicht aus dem Süden stammt sie, sondern aus Lübben. 1989 ist sie vom Spreewald nach Jessern gezogen, hat dreizehn Jahre in Berlin gelebt und ist 2012 zurückgekehrt. In der Großstadt, sagt sie, habe sie sich nicht wohlgefühlt.

Es ist nicht der Anschluss an die Welt, den beide suchen, sondern die Gegenbewegung. An einen Ort haben sie sich zurückgezogen, der nichts hat als diese Stimmung, die Tomás Calvo Guerrero 2011 dazu bewogen hat, das Strandcafé von der Bundesanstalt für Immobilienangelegenheiten zu kaufen. »Die Lage ist wunderbar«, sagt er. »Man wird nicht reich, aber man kann davon leben.«

Eine Lebensaufgabe nennt Calvo Guerrero das Strandcafé scherzend, vergleichbar mit der Kathedrale *Sagrada Família* in Barcelona, die auch nie fertig werde. Doch der nächste Schritt ist bereits geplant. Nicht mehr nur von Ostern bis Oktober soll das Strandcafé öffnen, sondern auch im Winter. Mit Efre-Mitteln der EU haben Calvo Guerrero und Dohmann eine Heizung einbauen können, »saisonverlängernde Maßnahmen« heißt das Hoffnungswort, mit dem der Tourismus im ländlichen Raum gestärkt werden soll.

Simone Dohmann aber hat noch etwas anderes im Sinn. »Die Alteingesessenen haben es sich in den vergangenen dreißig Jahren schön gemacht auf ihren Grundstücken«, sagt sie, »doch damit ziehen sie sich mehr und mehr ins Private zurück.« Das Strandcafé dagegen sei ein öffentlicher Ort, an dem sich alle treffen. »Das ist der lebendigste Ort von ganz Jessern.«

»Natürlich gibt es Leute, die negativ eingestellt sind«, weiß Calvo Guerrero. »Die sagen immer: Hier ist nichts los, hier passiert gar nichts. Dabei passiert schon jede Menge. Man muss es nur sehen wollen.« Er selbst nimmt die Dinge lieber, wie sie kommen. »So wie es ist, ist es gut. Wenn heute die Sonne scheint, ist es schön, und wenn es morgen regnet, ist es auch schön.«

Tomás Calvo Guerrero hätte es auch so sagen können: Die Bucht der Hoffnung lebt, auch ohne, dass man davon allzu viel Aufhebens machen müsste. Den Anschluss an die Welt gibt es dabei übrigens gratis. Denn nach der ersten »Hope bay« in Vancouver Island und der Hoffnungsbay in Jessern gibt es inzwischen Hoffnungsbuchten auch an der Ostküste der Trinity-Halbinsel, auf Jamaika und auf den Bahamas.

In der Cottbuser Altstadt →

oben: Oderbrücke zwischen Frankfurt und Słubice

unten: Blick auf Słubice von Frankfurt (Oder)

oben: Lebus an der Oder

unten: Fürstenberg an der Oder

oben: Ehemaliger Tagebau Cottbus-Nord

unten: Solarpark bei Mixdorf

oben: Windpark bei Biegen

unten: Neue Wildnis in der Lieberoser Heide

oben: Rolf Kuhn an Großräschener See

unten: Kreuze für die abgebaggerten Dörfer in Lakoma

oben: Vor der ehemaligen Kirche in Wolkenberg

unten: Ulrike Kremeier im Cottbuser Dieselkraftwerk

oben: Manu Bunke hinter der Wilden Klosterküche in Neuzelle

unten: Konzert beim Dorffest in Grunow

oben: Sommerfest in Schloss Trebnitz

unten: Lesung in der Forster Traumfabrik

oben: Im Klostergarten von Neuzelle

unten: Der Weinberg am ehemaligen Kloster Neuzelle

oben: Winterstimmung am Wirchensee

unten: Pater Kilian in Treppeln

oben: Strandcafé Jessern im Winter

unten: Buhnen an der Oder

oben: An der Oder in Frankfurt

unten: Seebad in Bad Saarow

oben: Die Oelse endet als Graben

unten: Die Oelse an der Walkemühle

oben: Ostufer Müllroser See

unten: Westufer Müllroser See

DAS NEUE JERUSALEM

Wien, Neuzelle, Treppeln

Als Pater Kilian aus seinem weißen Škoda steigt, zieht er eine Daunenjacke über sein schwarzweißes Ordenskleid, den Habit. Es ist kalt im Wald bei Treppeln. Schnee ist gefallen, so dass Pater Kilian sehen kann, ob Unbefugte auf dem Gelände der ehemaligen Försterei Kobbeln waren. Doch außer einer Tierspur ist nichts zu sehen. »Für Wölfe ist das zu klein«, sagt der Mönch, es klingt, als würde er es bedauern.

Viel einsamer kann ein Ort im Wald nicht sein, viel unheimlicher auch nicht. In den siebziger Jahren hat sich die Staatssicherheit der DDR die Försterei unter den Nagel gerissen und die alten Forstgebäude abgerissen. Ein Erholungsheim für MfS-Mitarbeiter sollte entstehen, aber auch ein militärischer Bereich für Schießübungen. Vom Kurheim ist noch eine Kellerruine zu sehen mit gefliesten Wänden. »Da war eine Sauna mit Kellerbar und Kegelbahn. Und ein Pool mit Wasserfall«, sagt Kilian.

Auf einen Mauerrest im Erdgeschoss, der vom ehemaligen Kaminzimmer geblieben ist, ist ein Kreuz gemalt. »Im Oktober haben wir zwei Arbeitseinsätze gemacht. Vor dieser Mauer haben wir unser Chorgebet gehalten. Deshalb habe ich das Kreuz auf die Wand gesprüht, als provisorische Kapelle.«

Es war ein weiterer Akt der Inbesitznahme. Wo einst Förster ihrer Arbeit nachgingen und sich später Stasi-Mitarbeiter von ihrer Zersetzungsarbeit erholten, werden in einigen

← *Herbststimmung im Schlaubetal*

Jahren Mönche beten. Pater Kilian ist einer von ihnen. 2017 war er als so genannter Gründermönch aus dem Kloster Heiligenkreuz bei Wien ins ostbrandenburgische Morgenland gezogen, um das ehemalige Kloster in Neuzelle wieder mit Leben zu füllen. »Die Mönche kommen«, hieß es damals in Neuzelle. Es klang, als würde Brandenburgs Barockwunder um eine Attraktion reicher.

Doch die Mönche kamen nicht als Attraktion, sie wollten Gäste aufnehmen, wachsen können und vor allem beten und arbeiten. Ora et labora. Weil das im historischen Kloster Neuzelle nicht möglich ist, heißt es nun: Die Mönche gehen. Und gleichzeitig bleiben sie. Auf dem Gelände des Stasi-Erholungsheims bauen sie ein neues Kloster. Maria Friedenshort wird es heißen, nach dem Neuzeller Wallfahrtslied von 1947. Wer den Namen bei Google-Maps eingibt, wird bereits ans Tor der Baustelle geschickt.

Pater Kilian, geboren 1976 in Hessen, groß, schlank, voller Herzlichkeit und Humor, ist studierter Ökonom und damit der ideale Projektbeauftragte für diese Bauaufgabe, die es in Brandenburg seit Jahrhunderten nicht gegeben hat. Ein Kloster mit allem Drum und Dran, mit Kreuzgang, Klosterkirche, Kapelle, Gästehaus. »Auch für die Baubehörden ist das eine Herausforderung«, scherzt der Subprior, als er mich mit den Bauplänen in der Hand über das verschneite Gelände im Wald von Treppeln führt. »Aber wenn der Landkreis Oder-Spree mit einer Gigafactory zurechtkommt, dann bestimmt auch mit einem Kloster.«

Eine Herausforderung war das 75 Hektar große Gelände auch für Pater Kilian. Noch gut erinnert er sich an den Tag, an dem er mit Norbert Kannowsky, dem Geschäftsführer der Stiftung Stift Neuzelle, zum ersten Mal am Eingangstor des

Stasi-Heims stand. »Im Juli 2018 war das«, erzählt er. Die Stiftung war Eigentümerin des Geländes, und Pater Kilian wollte herausfinden, ob das Areal überhaupt in Frage kommt. »Es war furchtbar«, erinnert er sich. »Überall lagen Bäume quer. Bei jedem einzelnen der 27 ruinierten und vermüllten Gebäude habe ich gedacht: Oh Gott!«

Doch dann hat er einen Weg entdeckt. Vom Tor führt er schnurgerade hinauf zur höchsten Stelle des Areals, fast so wie die Sichtachse vom Klostertor in Neuzelle auf den Priorsberg. »In dem Moment wusste ich, dass das der richtige Platz ist.« Seitdem wurden fast alle Gebäude auf dem Gelände abgerissen und an die 40 Tonnen Müll entsorgt. Was noch steht, dient Fledermäusen als Winterquartier.

Wie baut man ein Kloster und wo? Soll es prunkvoll sein wie der barocke Zauber der Klosterkirche in Neuzelle oder eher schlicht? Wie wird es finanziert, und gibt es überhaupt Architekten, die das können? Schulbau, Wohnungsbau, Bürobau, schon klar, aber Klosterbau?

Wie gut, dass es wenigstens den Idealplan der Zisterzienser gibt. Aus dem 12. Jahrhundert stammt er und schreibt vor, wie ein Kloster im Kern angeordnet sein soll. Über 700-mal sei der Plan bereits zur Anwendung gekommen, erzählt Pater Kilian. Der Vergleich mit dem Schulbau ist also nicht so weit hergeholt. In seinem Kern ist ein Zisterzienserkloster ein Typenbau, auch wenn keines wie das andere ist.

Ganz anders sieht es bei der Klosterkirche aus oder bei der Frage, welche Materialien verwendet werden. Als Beispiel für einen Klosterbau aus jüngerer Zeit nennt Pater Kilian das Kloster Nový Dvůr in Tschechien. John Pawson hat es entworfen, ein englischer Stararchitekt, der eigentlich Luxusyachten, Villen und Flagshipstores für Calvin Klein baut.

Highend-Architektur aus Stahlbeton und Glas. »Uns war klar, dass wir so was nicht machen wollen«, betont Pater Kilian. »Für mich hat das nur eine sterile Schönheit. Sie kommen da rein und denken: Wow! Aber wie in vielen postmodernen Architekturen denkt man, dass man da als Mensch stört.« Perfekt sei Nový Dvůr, ein Kunstwerk. »Klar hat das den zisterziensischen Geist, weil es groß gedacht ist, erhebend. Aber wir müssen es trotzdem hinkriegen, dass unser Kloster so etwas ist wie eine gute Jeans.« Sitzen soll sie und auch noch nach Jahren ihre Funktion erfüllen und dabei gut aussehen.

Maria Friedenshort soll deshalb in Backstein entstehen. Das hat mit dem Klimawandel und der Hitze zu tun, aber auch mit der Akustik, erläutert der Mönch. »Wir singen dreieinhalb Stunden am Tag das Chorgebet im Gregorianischen Choral, da muss die Akustik stimmen.« Zwar biete auch ein Betonbau eine gute Akustik, das komme aber wegen des ökologischen Fußabdrucks nicht in Frage. Ein Holzbau dagegen scheide aus, da Holz keine vergleichbar gute Akustik möglich mache. Auch ein Klosterbau ist also den ganz irdischen Fragen von Material und Möglichkeit unterworfen.

Mit der Bauaufgabe haben die Mönche Tatiana Bilbao beauftragt. Die Architektin stammt aus Mexiko und hat dem *RBB* in einem Interview verraten, dass der Klosterbau in Treppeln für sie eine »Lebensaufgabe« sei. Dabei müsse sie einen Spagat schaffen. Einfach und schlicht soll das neue Kloster werden, kein barockes Feuerwerk wie in Neuzelle. Aber es soll auch erhaben sein.

Pater Kilian erklärt das mit dem Spagat in seinen Worten: »Ich hab ja schon lange die wilde These, dass die ursprüngliche Architektur der Zisterzienser quasi eine Vorwegnahme des Bauhausgedankens war: Nämlich die Kraft der Reduktion zu entdecken.« Aber es gehöre eben auch Gestaltungswille dazu. »Es soll eine Architektur sein, die die Seele nach oben zieht, so dass man mit den Füßen auf dem Boden steht, aber Herz und Seele sich in den Himmel erheben.«

Bei seinem letzten Besuch in Heiligenkreuz haben sich die Mönche, der Abt und Tatiana Bilbao auch auf einen Entwurf für die neue Klosterkirche geeinigt. Wenn alles gut geht, kann in zwei, drei Jahren mit dem Bau der provisorischen Unterkünfte und der Kapelle begonnen werden, in der dann das Chorgebet stattfinden soll. »Ich wünsche mir aber sehr, dass ich auch noch erleben werde, dass die Klosterkirche fertig wird«, sagt der 46-Jährige.

Wie der Mensch an die Zukunft denkt, so habe ich bis dahin gemeint, hängt davon ab, in welcher Zeit er lebt. Als das Neuzeller Kloster 1268 vom Meißner Markgrafen Heinrich dem Erlauchten gegründet wurde, war die Zukunft des Menschen gottgegeben. Die nächste Mahlzeit, die bevorstehende Geburt, die kommende Ernte, weiter reichte der Horizont selten, eher verlief die Wahrnehmung der Zeit in Ellipsen, alles kehrte irgendwann wieder. Am Ende standen der Weltuntergang und die Rückkehr des Messias. Mehr hatte die Zukunft nicht zu bieten.

Unsere heutige Vorstellung von Zukunft, frage ich Pater Kilian, als wir durch den schneebedeckten Waldboden hinauf steigen zum höchsten Punkt des Geländes, entstand sie nicht erst in der Frühen Neuzeit, als die Macht der Kirche und ihres Weltbildes zu bröckeln begannen? Keine Scheibe war die Erde nun, sondern eine Kugel, die um die Sonne kreiste, und die Ereignisse, die die Menschen beschäftigten, verliefen nicht mehr in Zyklen, sondern hatten ein Vorher und ein Nachher. Das Vorher war die Geschichte, das Nachher die Zukunft. Beides war auf einem linearen Zeitstrahl angeordnet, der die immer wieder kehrenden Zyklen ablöste. Der Weltuntergang war verschoben.

Pater Kilian lächelt, als ich ihm das erzähle. »Wenn man mich nach der Zukunft fragt, würde ich gerne als erstes ganz fromm antworten«, beginnt er nach einer kleinen Pause. »Zukunft ist die Vorsehung des Herrn, es ist die Begegnung mit Christus. Christus sagt, ich bin das Alpha und das Omega, der Anfang und das Ende.« Der Pater schaut kurz auf und sieht mich an. Er ist kein Prediger, zumindest nicht mir gegenüber. Auch weiß er, dass seine Worte in manchen Ohren fremd klingen, und er akzeptiert das auch. Als wir am höchsten Punkt mit dem Kreuz ankommen, fragt er schnell, ob er kurz beten dürfe. »Es tut auch nicht weh«, scherzt er, und beide müssen wir lachen.

Meine Vorstellung vom Zukunftsbild der Kirche will Pater Kilian nicht unwidersprochen lassen. »Ich würde dem widersprechen, dass das Lineare nicht im christlichen Zeitverständnis ist, sondern es ist sowohl linear als auch zirkulär«, sagt er nach seinem Gebet. »Es ist ein bisschen wie eine Spirale, weil man natürlich bestimmte zyklische Abläufe hat.«

Diese zyklischen Abläufe spielten auch im Kloster und dort vor allem im Garten des Kreuzgangs eine Rolle, erzählt er. »Wenn man ins Kloster eintritt, tritt man auch ins Geheimnis der eigenen Seele ein und soll im verschlossenen Garten ein Sinnbild vor Augen haben.« Zum Beispiel für den Lauf der Jahreszeiten. »Im Winter ruht alles, dann kommt die Zeit der Blüte und des Wachstums, dann der Reife und der Ernte und dann eben auch wieder das Vergehen.«

So ein Garten, fährt Pater Kilian fort, folge damit auch dem Lauf der Dinge, den jeder aus seinem Leben kenne: Geburt, Wachstum, Reife, Herbst und Winter. »Das ist die große Linie. Gleichzeitig gibt es diese Linie auch in kleineren Zyklen im Leben. Es gibt immer wieder Phasen, wo man merkt, da ruht jetzt alles. Fast wie tot. Und dann kommt der neue Frühling und eine Zeit der Wärme, des Aufbruchs und des Wachstums.«

Soll ich mich mit dieser Antwort zufriedengeben? Ist die Zukunft nicht mehr als der Horizont, der einem Einzelnen gegeben ist? Was wird mit dem Wald um das neue Kloster herum? Werden die Bäume noch stehen, wenn die Klosterkirche fertig ist? Wird der kleine Teich in der Senke noch Wasser führen oder wird er schon ausgetrocknet sein wie der ehemalige Nachbarteich? Wieder lächelt Pater Kilian. »Vielleicht ist der Unterschied zwischen mir und vielen anderen der, dass ich mir persönlich keine Sorgen mache. Ich habe keine Angst, auch vor der Zukunft nicht. Das zieht sich ja hinein bis in die Geschichte mit der Auferstehung. Wenn der Tod bezwungen ist, wovor soll ich denn dann noch Angst haben?«

Dieses Gottvertrauen fasziniert mich und zugleich stört es mich. Es fasziniert mich, weil von Pater Kilian eine Ruhe ausgeht, die ich manchmal auch mir wünsche. Sie stört mich aber auch, weil sich der Klimawandel nicht durch Gottvertrauen stoppen lässt, sondern durch entschlossenes Handeln. Gibt es eine Verbindung zwischen der Welt des Mönchs und meiner? Sprechen wir dieselbe Sprache, wenn wir von der Zukunft reden? Ich atme etwas auf, als Pater Kilian auf Photovoltaik und Geothermie zu sprechen kommt und darauf, dass die ausgetrocknete Kuhle zum Regenwassersammelbecken werden soll. Es gibt also mitten im Frommen doch auch das Weltliche.

Was für eine Sprache spreche ich, wenn ich von der Zukunft rede? Hat sich diese Sprache im Laufe meines Lebens verändert? Als ich 15 war oder 16, das weiß ich noch genau, wollte ich nichts wie weg von zuhause, irgendwo hin, wo man mich in Ruhe ließ. Meine Vorstellung von Zukunft war eine Verheißung, nicht an eine bestimmte Zeit war sie gebunden, sondern an einen Ort, an dem ich machen konnte, was ich wollte. Eine fast mittelalterliche Vorstellung, wie ich heute weiß. »Wann immer in mittelalterlichen Texten von ‚Futura' die Rede ist«, schreibt Lucian Hölscher in seinem fesselnden Buch *Die Entdeckung der Zukunft*, »sind immer die ‚zukünftigen Ereignisse' gemeint, nie der Zeitraum der Zukunft als solcher.«

Erst später verknüpfte ich das Denken an die Zukunft mit dem Denken ans Morgen, Übermorgen, ans nächste Jahr oder Jahrzehnt. Doch dieser Blick in die Ferne wird immer wieder unterbrochen von Gedanken an Unvorhergesehenes und die Frage: Komme ich eigentlich zum Morgen oder kommt das Morgen zu mir?

Auch Pater Kilian kennt diese Frage, bei ihm lautet sie: Wie komme ich zu einem Grundstück, an dem ich ein Kloster bauen kann, oder kommt das Grundstück zu mir? Warum also ausgerechnet das Stasi-Heim auf dem Gelände der ehemaligen Försterei Kobbeln? Was ist die Vorgeschichte der Erstbegehung, bei der Pater Kilian dachte: Oh, Gott!

Der Standort von Maria Friedenshort, sagt er, war tatsächlich eine offene Frage. Fest stand nur, dass das neue Kloster in der Nähe von Neuzelle entstehen soll. Und zwar maximal einen Emmaus-Weg entfernt vom alten Kloster. So hat es der Abt im Mutterkloster des Neuzeller Priorats in Heiligenkreuz entschieden.

Ein Emmaus-Weg? Um das zu erklären, muss Pater Kilian etwas ausholen. Also erzählt er die Geschichte zweier Jünger, die am Ostersonntag Jerusalem in Richtung des Dorfes Emmaus verlassen. Unterwegs gesellte sich ein Wanderer zu ihnen und fragte, weshalb sie aufgebrochen seien. Die Jünger erzählten dem Wanderer traurig von der Kreuzigung Jesu. Der Wanderer wiederum berichtete aus dem Alten Testament vom Messias. »Der sei kein triumphierender König«, sagt Pater Kilian, »sondern komme in einer Knechtsgestalt daher.«

Irgendwann kommt die Gruppe in Emmaus an. Als der Fremde weiterwill, laden ihn die Jünger zum Abendbrot ein. »Erst als der Wanderer das Brot bricht, wie er es drei Tage vorher beim letzten Abendmahl getan hatte, gingen ihnen die Augen auf und sie erkannten: Das ist der Auferstandene, das ist der Christus, der mit ihnen gegangen ist.« - »Dann war er plötzlich verschwunden, aber sie erinnerten sich, dass ihnen das Herz in der Brust brannte, als er mit ihnen ging«, fährt Pater Kilian fort. »Schnell brechen die Jünger auf und laufen wieder zurück nach Jerusalem.«

Das also ist die Emmaus-Geschichte aus dem Lukasevangelium, deren Motiv den Hochaltar der barocken Klosterkirche Sankt Marien in Neuzelle schmückt. »Auch wir haben gespürt, dass uns in Neuzelle das Herz in der Brust brennt«, sagt Pater Kilian. »Durch die Begegnungen mit den Menschen aus der Gegend hier, auch aus dem Spannungsfeld mit Eisenhüttenstadt, mit Polen, mit der Kriegsgeschichte, mit der Klostergeschichte, mit schönen Sachen, mit schwierigen Sachen.« So wurde Neuzelle zum Emmaus für Pater Kilian und seine fünf Mitbrüder, während Treppeln ihr neues Jerusalem werden soll.

Einen »Emmaus-Weg«, das sind exakt jene 11,3 Kilometer, die Emmaus lauf Bibel von Jerusalem entfernt lag. Also haben die

Mönche eine Karte genommen und mit einem Zirkel einen Radius rund um Neuzelle gezogen. So sind sie auf Treppeln gestoßen. Das Gelände gehörte nicht nur der Stiftung Stift Neuzelle, was ganz geschickt war. Es hatte auch die richtige Entfernung. »Wenn sie vom Stiftsplatz mit dem Auto losfahren, sind es 11,3 Kilometer bis zum Tor«, lacht Pater Kilian. »Das kann man sich gar nicht ausdenken. Einfach krass. Unser Jerusalem.«

BRANDENBURG SCHREIBEN

Görsdorf, Beeskow

»Der Funke kam, wie ich heute weiß, aus mir selbst. Die Verlassenheit dieses Ortes erweckte in mir eine Sehnsucht …«

Vielleicht beginnt mit diesen Sätzen die Schlüsselpassage eines Werks, das ein neues Schreiben über Brandenburg hervorgebracht hat. Eines Schreibens, das die Tradition Fontanes nicht hinter sich lässt, sie aber weiterschreibt vom elitär Adligen ins alltäglich Dörfliche hinein und sie damit demokratisiert.

Da ist also einer, der will von der Stadt aufs Land. Will sich zurückziehen und zu sich selbst finden, auch wenn das nicht sein Ziel gewesen war. »Hier war der Ort, der für mich bestimmt war. Ich hatte ihn zufällig gefunden, ohne nach ihm gesucht zu haben.«

Mit der von »Landlust« getriebenen Sehnsucht heutiger Tage hat die Sehnsucht der Erzählerstimme nichts gemein und auch »nichts oder nur wenig« mit »romantischen Waldeinsamkeitsgefühlen«. Was den Erzähler 1968 in ein entlegenes Waldstück nahe Görsdorf bei Beeskow ziehen ließ, hatte mit seiner ganz besonderen Situation in der DDR zu tun, wie er fast 40 Jahre später in seinen Lebenserinnerungen einräumte. »Es war das schon lange vorhandene, aber nur in depressiven Momenten eingestandene Bedürfnis, mich von der Welt abzusondern, um allem, was mich bedrückte, aus dem Wege zu gehen.«

Abseits heißt die »Liebeserklärung« Günter de Bruyns an seine Landschaft rund um Beeskow, und die alte Schäferei am Blabbergraben, die er bald nach seiner Entdeckung bezogen hatte, war der Quell, aus dem der Schriftsteller geschöpft hat. Kein bukolisches Idyll, das wäre de Bruyn fremd gewesen. Eher ein Ort, an dem er sich auf das Wesentliche konzentrieren konnte. In Ruhe gelassen werden. Seinen märkischen Dichtergarten hegen. Seinen Forschungen nachgehen und von ihnen berichten. Denn Günter de Bruyn hat das Schreiben in der Tradition Fontanes nicht nur demokratisiert, er hat ihm auch den Zierrat und all den anderen Plunder genommen und es damit, in seiner Nüchternheit, nicht nur schlösser-, sondern auch landschaftstauglich gemacht.

So würde es sein Sohn Wolfgang natürlich nicht sagen. Aber das mit der Magie des Ortes, das empfindet auch er. An einem kühlen Septembertag sind wir von Beeskow zur Blabberschäferei gefahren. Hinter Limsdorf und Schwenow ging es in unzähligen Schleifen hinunter in die Waldsenken, und je tiefer wir kamen, desto neugieriger wurde ich, als würde mir einer ein Geheimnis lüften. Und so war es auch. Ich entdeckte, dass der Blabbergraben, an dem die Schäferei einst stand, längst trockengefallen war, durfte die Regale in der Bibliothek Günter de Bruyns entlang gehen und mich wie wohl alle, die diesen Ort besucht haben, wundern, wie es der Schriftsteller in dieser Enge 32 Jahre lang aushalten konnte. »Erst im Jahre 2000«, sagt der Sohn, »ist er in die ausgebaute Scheune gezogen.«

Als einen Rückzugsort und einen Ort zum Schreiben hat Günter de Bruyn sein Einsiedlerdasein in den Wäldern bei Beeskow bezeichnet und dabei auch einen Vergleich nicht gescheut. »Durch die Fiktion, hier wie Thoreau am Waldensee leben zu können, erkannte man plötzlich einander«, schrieb de Bruyn 1996 im ersten Teil seiner Autobiographie *Vierzig Jahre*. Mehr noch als der amerikanische Kultautor Henry David Thoreau (1817 bis 1862), der 1854 sein Buch *Walden. Or Life in the Woods* herausgebracht hat, hat der 1926 geborene Günter de Bruyn sein Leben in den Wäldern verbracht. Doch nicht nur das »eigene, wirkliche Leben« hat er dort gesucht, sondern auch eine Antwort auf die Frage, wie man nach Fontane eigentlich über Brandenburg schreibt.

Auch Wolfgang de Bruyn, lange Jahre Leiter des Kulturamts im Kreis Oder-Spree und später Direktor des Kleist-Museums in Frankfurt (Oder), treibt diese Frage um. Bereits vor dem Tod seines Vaters im Oktober 2020 war die Entscheidung gefallen, eine Stiftung zu gründen und den Nachlass in Beeskow zu sichern. Auch sollte im abgelegenen Haus am trocken gefallenen Blabbergraben eine Stipendiatenstätte eingerichtet und ein »Abseits-Stipendium« ausgelobt werden. »Wir bieten einen Ort, wo man in Ruhe seine Sachen verwirklichen kann«, sagt Wolfgang de Bruyn, als er mich über das Grundstück führt. »Man sollte sich aber auch einlassen auf die Gegend, sich einbringen, einmischen.«

Über Brandenburg schreiben, übers Land und die Menschen, die es bewohnen und bearbeiten, das wird also nicht nur eine Tradition sein, der sich Günter de Bruyn verpflichtet fühlte. Es werden auch jene versuchen, die im »Abseits« bei Beeskow ihr Stipendium absolvieren. Wie aber geht das, dieses Land schreiben? Was erfordert es, an Kenntnis über Land und Leute, an erzählerischer Idee, was an Ton und Tonlage, will man nicht, wie so viele, am Land vorbeischreiben, weil das Publikum wo ganz anders sitzt, in der Stadt?

Günter de Bruyn selbst hat dieses Brandenburg schreiben wohl am trefflichsten in seinen *Märkische Forschungen* vermocht. Die Geschichte des Professors Menzel und des Landlehrers Pötsch ist eine Parabel auf eine städtische und eine lokale Sicht auf das Land und die Dichter, die es hervorbringt. Beide haben einen (fiktiven) märkischen Schriftsteller der Romantik wiederentdeckt, doch das, was sie mit dieser Entdeckung verfolgen, könnte unterschiedlicher nicht sein. Will der renommierte Professor, ganz im Sinne der Machthaber, den Dichter in Anspruch nehmen für das revolutionäre Erbe der deutschen Literatur, findet der Landlehrer Hinweise auf das schiere Gegenteil. Als Erfüllungsgehilfe der Restauration nach dem Wiener Kongress entpuppt sich der Dichter.

Der literarische Stoff, eine Anspielung an die Auseinandersetzungen, die sich de Bruyn und Wolfgang Harich über Jean Paul geliefert haben, ist dabei nicht das Entscheidende. Interessant sind vor allem die Perspektiven, die die Protagonisten mitbringen, die des Städters und die des Einheimischen. Der eine will die großen Linien ziehen, der andere stolpert über Details. Der eine schraubt das Weitwinkelobjektiv vor die Kamera, der andere zoomt den Bildausschnitt heran. Der eine sucht Beweise für die Stimmigkeit einer Theorie, der andere sammelt Indizien. Wem die Sympathie des Autors gehört, ist unschwer zu erkennen. Es ist der Landlehrer Pötsch, auch wenn der im Streit mit dem Herrn Professor vorerst auf der Strecke bleibt. Günter de Bruyns *Märkische Forschungen* sind, so gesehen, ein Plädoyer für das Schreiben übers Land aus dem Land heraus.

Ganz anders dagegen die Dorfromane dieser Tage. Gewiss, auch der Streit um eine Windkraftanlage in Juli Zehs *Unterleuten*, um nur dieses Beispiel zu nennen, ist ein Stoff, mit dem die Autorin »märkische Forschung« betreibt. Wie tickt ein Dorf, an welchen Konfliktlinien bricht es auseinander, welche Interessen verfolgen Fremde und Einheimische?

Doch andere Dorfromane sind eher an ein städtisches Publikum gerichtet und bedienen nicht selten dessen Voyeurismus. Als Warnung vielleicht, auch die Schattenseiten der »Landlust« zur Kenntnis zu nehmen, gewiss aber nicht, um dem Land und seinem unspektakulären Alltag eine Stimme zu verleihen. Dass die Literaturchefin der *Frankfurter Allgemeinen Sonntagszeitung* am Beispiel von *Unterleuten* einmal eine »Verdorfung« der Literatur beklagen würde, ist da nur eine Pointe. Ob ein Dorfroman nun einem städtischen Publikum Lesefreude bereitet oder ein Großstadtroman, spielt für das Land keine Rolle.

Anders bei Günter de Bruyn. »Pötsch liebte, was ihm nah war und nahm es dadurch in Besitz, daß er es so genau wie möglich kennenlernte«, heißt es in den *Märkischen Forschungen*. »Stand Menzel gleichsam auf einem Aussichtsturm und schaute durch ein Fernglas in die Weite, so Pötsch mit Lupe auf platter Erde, wo jede Hecke ihm den Blick verstellte. Sein Wissen war begrenzt, doch innerhalb der Grenzen universal.«

Lupe und Fernglas also. Oder besser Lupe oder Fernglas. Welches Bild vom Land entsteht, wenn ein Autor oder eine Autorin das Fernglas beiseitelegt und nur noch die Lupe zur Hand nimmt? Sich einem Gegenstand nähert, der immer schärfer wird und immer neue Details offenbart? Was wird sichtbar, wenn die Lupe zum Brennglas wird?

Statt der Lupe kann der Autor auch zu einer Schaufel greifen und anfangen zu graben. Je tiefer er dabei stößt, desto mehr Einblick bekommt er in das, was sich unter der Erde verbirgt, vergraben, verschüttet, nicht totzukriegen. Eine Archäologie des Ortes wird er vielleicht zu Tage bringen, womöglich stößt er, ohne sich vom Fleck zu bewegen, auf verschiedene Epochen und ihre Hinterlassenschaften, vielleicht aber ist diese Bewegung des Vertikalen, die die Horizontale verlässt, nichts anderes als das, was Günter de Bruyn meint, wenn er schreibt: »Da erst die Geschichten von gestern das Heute verständlich machen, waren sie mir zum Heimischwerden nicht weniger als die Bewohnbarkeit des Hauses nötig.«

Eine »unterrichtete Nahsicht« nennt diese Methode der Historiker und langjährige Leiter des Potsdamer Hauses der Brandenburgisch-Preußischen Geschichte, Kurt Winkler. Zwar will Winkler auch das Fernglas nicht missen, wenn er über *Abseits* schreibt: »In den kurzen Kapiteln wechselt de Bruyn von der großen zur kleinen Perspektive, von der Vogelschau einer beschreibenden Kulturgeographie zu Anekdoten von Land und Leuten, von der Reisereportage zum Diskurs des Chronisten.«

So sehr Winkler damit für die Lupe *und* das Fernglas plädiert, so wenig ist dieses Plädoyer ein Sich-gemein-machen mit der Methode Menzel. Das Große ist durch das Kleine besser zu sehen als das Kleine durch das Große. Oder, wie es Winkler über seine »unterrichtete Nahsicht« formuliert: Es geht darum, »Bäume *und* Wald« zu sehen.

Um Bäume, Wald und Menschen geht es auch Wolfgang de Bruyn. In Beeskow war er einer der Ideengeber und Autoren des »kursbuches oder-spree«, in dem Jahr für Jahr unter einem neuen Thema Menschen aus der Region porträtiert werden. Die Porträts wiederum sind Grundlage für die ständig wachsende Dauerausstellung des »museums oder-spree« auf der Burg Beeskow. Beide, Kursbuch und Museum, verstehen sich als »Beginn eines neuen Erzählens und Sammelns«.

Eine der Autorinnen des Kursbuchs, Tina Veihelmann, treffe ich im Café »Genuss Werk Stadt« am Beeskower Marktplatz. Sie ist von Falkenberg gekommen, unweit von Görsdorf, in dessen Nähe bald die künftigen Abseits-Stipendiatinnen und Stipendiaten leben, graben und schreiben werden. »Das Land beschreibt sich selten selbst«, sagt die Schriftstellerin, die in ihrem Buch über die Oderdörfer Aurith und Urad gezeigt hat, dass sie die Kunst, die Welt im Mikrokomos eines Dorfes zu zeigen, beherrscht wie kaum eine andere. Noch immer habe die Stadt die Diskursmacht. »Das Land ist deshalb immer das Andere, das Fremde.«

Veihelmann will die Sache anders angehen, nicht nur in ihren Texten im »kursbuch«, sondern auch im Blog »OderAmazonas«, den sie mit Steffen Schuhmann und Kenneth Anders ins Leben gerufen hat. »Das Land ist interessant geworden«, heißt es im Intro zum Blog. Doch fast alles, das über das Land geschrieben werde, »ist Fremdbeschreibung, nicht Selbstbeschreibung«.

Nicht mehr der Gegensatz von Fernglas und Lupe treibt Veihelmann um, sondern der vom kolonialen Blick des Städters und der ländlichen Perspektive. »Auf dem Land wird produziert, wovon die Stadt lebt«, sagt sie im Beeskower Café. Nahrung. Energie. Gute Luft. »Dennoch tun die Städter so, als könnten sie für sich existieren, und das Land sei ein Appendix.«

Statt des kolonialen Blicks sieht und beschreibt Tina Veihelmann, was sie vor ihrer Tür findet. Pappeln zum Beispiel. »Die Pappel war, weil sie so bedürfnislos ist und so schnell wächst, *der* deutsche Baum der Nachkriegsjahre«, schreibt Veihelmann in ihrem Text »Pappeln werden gemocht« auf »OderAmazonas«. »Die Leute brauchten Holz zum Heizen und Bauen – und das lieferte die Pappel ihnen.«

In der Stadt aber ist die Pappel statt »Holz zum Heizen und Bauen« zum Objekt einer libidinösen Landliebe geworden, die auch vor einer scheinbaren »Stadtnatur« nicht Halt macht. Richtig zur Sache geht es, wenn Pappeln gefällt werden sollen. In ihrem Text erzählt Veihelmann von einem Facebook-Post aus Berlin, der gegen eine solche Fällung protestiert. »Der Autor des Posts fühlte darüber Trauer und Wut.« Immer wieder, schreibt sie, kam es in den letzten zehn Jahren zu »Pappelprotesten.«

Es ist die Perspektive der Stadt, die Veihelmann hier aufs Korn nimmnt, denn in der Stadt ist das Wissen verloren gegangen, das auf dem Land bis heute weitergereicht wird. »Nach spätestens vierzig Jahren sind die meisten Pappeln von innen heraus verrottet«, zitiert Veihelmann dieses ländliche Wissen. »Dann steht der Baum zwar noch proper da, ist aber hohl wie eine leere Nuss und stürzt beim nächsten Windstoß um.«

Die Grünflächenämter wissen das natürlich auch, nicht aber die Initiatoren der Pappelproteste. »Siebzig Jahre«, zitiert Veihelmann den Autor des Facebook-Posts, hätten die Pappeln gebraucht, um zu wachsen. Ein Tag habe genügt, ihr Leben zu beenden. Verloren sei: der kühlende Schatten, die Eichhörnchen, der positive Einfluss auf Klimawandel und CO_2-Bilanz. Das Stück Natur in der Stadt.

Der Pappelprotest bekam viele Likes. Einen Shitstorm erntete dagegen der Einzige, der in seinem Kommentar erklärte, dass Pappelholz sehr schnell brüchig werde, weshalb siebzigjährige Pappeln nicht mehr standsicher seien. »Er kam zu dem Schluss, dass es viel besser sei, die Chance zu nutzen und besser geeignete Bäume zu pflanzen«, so Veihelmann. Denn Pappeln entzögen, weil sie ursprünglich an Flussauen wuchsen, dem Boden viel Wasser. In Zeiten zunehmender Trockenheit seien sie als Stadtbäume daher vielleicht eher kontraproduktiv.

Für Tina Veihelmann ist der Ton, in dem viele in der Stadt übers Land oder die Pappeln vor der eigenen Haustür sprechen, der Gestus einer »engagierten Rede«. »Gemeinsam ist den engagiert Sprechenden«, sagt sie, »dass sie nicht reden, um etwas mitzuteilen, worüber sie Bescheid wissen, sondern weil sie ein Anliegen haben.«

Vielleicht sollte Wolfgang de Bruyn diese wunderbare (und auch selbstironische) Polemik all jenen ans Herz legen, die in der Blabberschäferei demnächst das Sprechen und Schreiben übers Land üben. Vielleicht reicht es aber auch, mit ihnen über das engagierte Sprechen ins Gespräch zu kommen und die »unterrichtete Nahsicht« auf dem Land. Denn Stadt ohne Land und Land ohne Stadt, davon ist Wolfgang de Bruyn überzeugt, geht nicht. Diese Überzeugung teilt er nicht nur mit seinem in Berlin-Britz geborenen Vater, sondern auch dem Berliner Apothekersohn Fontane.

Natürlich weiß auch Wolfgang de Bruyn um die neue Sehnsucht nach dem Land. Er sieht sie aber auch als Chance. »Wir leben in Zeiten, wo die Leute auch eine Region brauchen, die überschaubar ist«, hat er gesagt, als wir wieder vom Abseits zurück nach Beeskow fuhren. »Weil alles drumherum unüberschaubarer wird und man vielleicht auch diesen Rückzugsort Abseits braucht, um überhaupt die Welt zu sehen und zu begreifen.«

Es ist eine neue Sehschule, die Wolfgang de Bruyn vorschlägt, ein Perspektivwechsel, den jeder einmal wagen sollte. »Also aus der Welt raus, nicht um vor ihr zu fliehen, sondern um sie wieder zu sehen. Das heißt aber auch, dass man sich einlassen muss. Das müssen viele erst wieder lernen.«

EIN BACH HÄLT ZUSAMMEN

Oelse

Der erste Bach, den ich in meinem Leben zu sehen bekam, war ein kleiner Fluss. 63 Kilometer zählte die Fils, sie war kurz genug, um ihren Anfang und ihr Ende zu kennen. Die Quelle, die dort Filsursprung heißt, habe ich bei einem Schulausflug kennengelernt. Was haben wir gestaunt über das bisschen Wasser, das da aus der Wiese sprudelte. Das sollte das gleiche Wasser sein, das ein paar Dutzend Kilometer weiter in Eislingen, meiner Heimatstadt, vorbeigurgelte, um sich in Plochingen schließlich in den Neckar zu verabschieden?

Im Erdkundeunterricht lernte ich den Lauf der Fils zeichnen und stellte fest, dass ihr Einzugsgebiet nahezu identisch war mit den Grenzen des Kreises Göppingen. Die Fils hielt also etwas zusammen, sie warf ihr Netz aus und sammelte das Wasser der Region, nährte sie auch in frühen Zeiten und dafür gebührte ihr Dank. Eislingen trägt die Fils bis heute im Namen so wie Frankfurt die Oder. Mein Heimatfluss schuf etwas, was man heute regionale Identität nennen würde.

Der Fluss, den ich heute meinen Heimatfluss nennen würde, ist tatsächlich nur ein Bach, obwohl ihn Wikipedia als Fluss führt. Nicht einmal 22 Kilometer ist die Oelse lang, also nur ein Drittel der Fils, und dennoch schlägt sie etwas in mir an. Ich bin, seitdem ich in Grunow lebe, empfänglich für die Oelse, und ich glaube, das liegt nicht nur daran, dass sie als kleine Schwester der Schlaube ein etwas undankbares

Schattendasein führt im Naturpark Schlaubetal. Es hat auch damit nichts zu tun, dass die Oelse, anders als die Schlaube, nicht in die Ostsee entwässert, sondern in die Nordsee. Damit verbindet sie Grunow über die Spree mit Berlin und über die Havel und die Elbe mit Hamburg. Kein einziges Mal, seitdem ich im Oelsetal lebe, habe ich mir aber vorgestellt, dass eine Flasche, die ich per Oelsepost sende, in Hamburg an den Sankt Pauli Landungsbrücken vorbeischaukelt.

Eher spüre ich dieses Geheimnisvolle, das von der Oelse ausgeht, ein fast magischer Ruf. Schon damals, als ich sie zum ersten Mal an den Torfstichen zu Gesicht bekam, hat sie meine Fantasie angeregt, auch sie hat ihr Netz ausgeworfen, und ich habe mich in ihm verfangen. Seitdem weiß ich, dass ich über die Oelse schreiben muss. Nur, wie schreibt man über einen Bach, über den noch keiner geschrieben hat? Ist die Oelse ein Dornröschenbach, den man erst noch wachküssen muss? Aber vielleicht hält auch sie etwas zusammen, vielleicht wäre das dann das Thema meines Schreibens über die Oelse. Gibt es neben dem Schlaubetal auch ein Oelsetal, dem sich die Menschen zugehörig fühlen?

Los also an die Quelle der Oelse, die natürlich, wir sind in Brandenburg!, nicht Oelseursprung heißt, sondern gar keinen Namen hat. Nur wo liegt diese namenlose Quelle? In der Nähe von Groß Muckrow vielleicht? Muckrow, das stammt vom sorbischen *mokry*, was so viel wie feucht oder nass bedeutet. Nah am Wasser also sind Groß und das benachbarte Klein Muckrow gebaut. Wenn das kein Anhaltspunkt ist.

Die Recherche am Schreibtisch hatte mich nicht weitergebracht. Die in Schernsdorf lebende Regionalchronistin Gudrun Hänschen verortet die Quelle der Oelse im Krügersee nahe Groß Muckrow. Dem widerspricht allerdings die von

Klaus-Dieter Gansleweit 1986 herausgegebene Landeskunde *Eisenhüttenstadt und seine Umgebung.* Dort heißt es: »Im Rähdensee entspringt die Ölse, ein Fließ, das auf dem nördlichsten Teil der Lieberoser Hochfläche ein etwa 90 Quadratkilometer großes Einzugsgebiet entwässert und bei Beeskow in die Spree mündet.«

En passant hat Gansleweit auch die Herkunft ihres Namens gelüftet. Die Ölse, oder wie sie heute geschrieben wird, Oelse, stammt vom altsorbischen *Ol'ša*, Erle, ab. Mein Dornröschenbach ist also ein Erlenbach. Macht ihn das nicht erst recht geheimnisvoll, vielleicht sogar bedrohlich? Immerhin stirbt in Goethes »Erlkönig« dem Reiter ein Kind, als er mit ihm durch einen Erlenwald reitet. Zunächst sucht der Vater das Kind noch zu beruhigen: *Mein Sohn, was birgst du so bang dein Gesicht? / Siehst, Vater, du den Erlkönig nicht? / Den Erlenkönig mit Kron und Schweif? / Mein Sohn, es ist ein Nebelstreif.*

Doch dann nimmt das Unglück seinen Lauf. *Mein Vater, mein Vater, jetzt faßt er mich an! / Erlkönig hat mir ein Leids getan!* Am Ende kehrt der Vater mit dem Kind zurück, in seinen Armen ist es gestorben.

Auf dem Weg von Groß Muckrow zum Rähdensee begegnen mir keine Erlen. Auch nichts Feuchtes kann ich entdecken, stattdessen fällt der Weg steil zum See ab, auf der gegenüberliegenden Seite liegt die Dorfbadestelle. Und hier soll die Oelse entspringen? Nicht einmal einen Graben habe ich entdeckt, als ich den See umrundet habe. Oder entspringt die Oelse doch, wie es bei *Wikipedia* heißt, dem Möschensee?

Anders als am Krügersee und am Rähdensee ist es am Möschensee tatsächlich feucht. Am verlandeten Rand des Sees entdecke ich sogar einen Erlenbruchwald. So geheimnisvoll ist es hier, dass ich mich bei Anbruch der Dunkelheit auch fürchten würde. Feuchte Erlenwälder wie diese muss

Goethe vor Augen gehabt haben, als er die Ballade vom Erlkönig schrieb.

Der Krügersee, der Rähdensee und der Möschensee liegen in einer eiszeitlichen Rinne, das erkenne selbst ich als Laie, wenn ich auf die Karte schaue. Eine Verbindung zwischen den Seen aber zeigt die Karte nicht. Auch nicht meine App auf dem Handy. Weder ist der am südlichen Ende der Kette gelegene Krügersee mit dem Rähdensee verbunden, noch der Rähdensee mit dem Möschensee, beide werden zudem von der Landesstraße 43 getrennt. Die ersten beiden Seen fallen damit als Quelle der Oelse aus.

Dass das nicht immer so war, erklärt mir ein Mann, den ich am Ortsende von Groß Muckrow treffe. Eine Joppe trägt er, feste Schuhe, gräbt seinen Acker um. »Als ich 1956 eingeschult wurde«, sagt er, »gab es unter der Landstraße ein Rohr. Daraus plätscherte das Wasser des Rähdensees in den Möschensee.« Inzwischen ist der Wasserspiegel gesunken. Das Rohr liegt über den Pegeln der beiden Seen. Plätschern tut hier nichts mehr.

Dass auch der Möschensee ausscheidet, sehe ich, als ich die Karte auf meiner Outdoor-App heranzoome. Zwar bildet er nach Norden einen Trichter, aus dem Morast fließt aber kein Wasser mehr ab. Erst Richtung Chossewitzer See, dem nächsten in der Kette, taucht ein blauer Strich auf. Weder Wikipedia, noch die Landeskundler haben also recht. Recht hat der Naturpark Schlaubetal, der auf seiner Tafel an der Chossewitzer Kirche vermerkt: »Das Quellgebiet der Oelse liegt südlich des Chossewitzer Sees.«

Quellen, das ist die Lektion, die ich bei dieser Erkundung lerne, sind nicht nur eine Sache der Geografie, sondern auch der Zeit. Mit Sicherheit ist die Oelse einmal dem Krügersee entsprungen, mit der Zeit aber wanderte die Quelle weiter nach Norden. Wo wird sie in Zukunft liegen? Und was heißt das für den Zusammenhalt? Ist auch er einem Wandel unterworfen? Wo endet das Netz, das die Oelse über ihre Landschaft auswirft? Wen bedeckt es noch, wem entzieht es sich? Ist es dehnbar oder gleicht es eher einer Bettdecke, die, wenn man sie sich über den Kopf zieht, die Füße im Kalten lässt?

Vielleicht finde ich in der Klingemühle eine Antwort auf diese Fragen. In Berlin ist die Klingemühle bekannter als die Oelse, die sie mit einem Mühlrad seit dem 16. Jahrhundert angetrieben hat. Das hat mit einem Festival für elektronische Musik zu tun, das jedes Jahr im Sommer stattfindet. »Erlesene Elektro-Beats und eine liebevoll wie kunstvoll gestaltete Parallelwelt irgendwo im Nirgendwo zeichnen das *Mit Dir Festival* aus«, schwärmt ein Onlineportal, das die zehn besten Festivals in Berlin und Brandenburg vorstellt. »Das Festivalgelände ist von Wasser, Wäldern und Wiesen umgeben – definitiv ein Plus, um die hektische Großstadt zu vergessen.«

Irgendwo im Nirgendwo? An welchem Wochenende *Mit dir* steigt, müssen wir in Grunow nicht googeln. Wir sehen es vor unserem Fenster. Wo sonst nur ein paar Wanderer vom Bahnhof aus vorbeimarschieren, wartet eine Menschentraube auf den Shuttlebus. Viele tragen bunte Haare, einige haben Wurfzelte unterm Arm, andere einen Gitarrenkoffer. An diesen Wochenenden fühlt sich Grunow ein wenig an wie Kreuzberg, auch wenn Berlin 125 Kilometer entfernt liegt.

Soll ich der Oelse also doch eine Flaschenpost anvertrauen? Ist die Verbindung nach Berlin mehr als nur ein geografisches Spielchen? Vielleicht werde ich in diesem Sommer einen von denen mit den Wurfzelten fragen, ob er weiß, dass Kreuzberg, Grunow und die Klingemühle über die Spree und die Oelse miteinander Verbindung halten. Viel Hoffnung habe ich aber nicht. Vielleicht weiß es noch einer von denen, die mit dem Zug anreisen, weil er in der Bahn ein bisschen bei Google-Maps rumgedaddelt hat. Die meisten aber kommen mit dem »Bassliner«. Berlin-Klingemühle nonstop.

An der Freitreppe, die hoch führt aufs Gelände der Klingemühle, wartet Hartmut Sonnenhol. 2008 hat der Verein, den er gegründet hat, das Grundstück gekauft, seit 2011 lebt Sonnenhol mit seiner Familie an der Oelse. Für das *Mit dir*-Festival stellt Sonnenhol nur das Gelände zur Verfügung. Er selbst betreibt mit seinem Verein und einer GmbH die Bungalows, in denen sich einmal die Beschäftigten des VEB Elektrokohle Lichtenberg erholt haben. Sonnenhol hat sie mit einigen Helfern in Eigenarbeit saniert. »Wir haben 18 Apartments mit 56 Betten«, sagt er stolz und führt mich über das Gelände. Vermietet wird nur *en gros* und nicht *en detail*. Wer also seinen Geburtstag oder eine Hochzeit feiern will und alle Bungalows im Block mietet, ist richtig bei der Klingemühle. Vorausgesetzt, es ist etwas frei. »Schon jetzt ist für 2023 von April bis Oktober kein Wochenende mehr frei«, sagt Sonnenhol. Unter der Woche kommen dann Schulen oder soziale Einrichtungen. »Für gemeinnützige Organisationen können wir über unseren Verein Buenaventura e.V. gesonderte Konditionen anbieten«, betont er.

Und die Oelse? Mit der hat Hartmut Sonnenhol einiges vor. Sie fließt durch den 38 Hektar großen Klingeteich. Sonnenhol überlegt, ob er den Teich, den der Schlaubefischer Thomas Müller aufgegeben hat, pachten soll, falls es einmal möglich sein sollte. Mit den Jugendlichen könnte er dann Flöße bauen. Harmut Sonnenhol weiß, was er an der Oelse hat, weiß, dass sie etwas Besonders ist. Ohne die Oelse gäbe es seine Klingemühle nicht, auch wenn von der nichts mehr geblieben ist als ein Mühlrad. Auch die anderen Mühlen hätte es nicht gegeben, nicht die Jankemühle, die Walkemühle, die Oelsener Mühle.

Nur Baden würde er nicht im Oelsewasser und im Klingeteich. Die Oelse und ihre Seen, das wissen sie in Groß Muckrow, Chossewitz, Oelsen und Grunow, sind keine Badegewässer. Der Rähdensee dagegen schon. Die Berlinerinnen und Berliner, die zu *Mit dir* spree- und oelseaufwärts zur Klingemühle kommen, sind da nicht so wählerisch. Sie springen in Festivallaune auch in einen ehemaligen Karpfenteich. Um die »hektische Großstadt zu vergessen« fischt man auch mal im Trüben.

Aus Berlin kommt auch Birgit von Heintze. Ein Abenteuer hat sie nicht gesucht, als sie mit ihrem Mann 2015 die Walkemühle kaufte. Eher einen Ruheplatz, an dem sich abseits des hektischen Berufsalltags in Berlin verschnaufen lässt. Ursprünglich sollte dieser Ruheplatz in der Uckermark sein. »Doch da sagte man uns, die Uckermark sei ausverkauft«, lacht Birgit von Heintze.

Die Journalistin, die nach dem Abitur nach Paris ging und später in Hamburg Germanistik und Literaturwissenschaften studierte, stammt aus Lübeck. Als Tochter eines Kapitäns ist ihr das Meer vertraut, ihre halbe Kindheit, schreibt sie in ihrem Blog, habe sie auf den Schiffen ihres Vaters verbracht. Nun sitzt sie in Oelsen in einem Bauwagen und schwärmt vom Leben an der Oelse. »Ein Professor aus Berlin hat die Walkemühle zum Verkauf angeboten«, erzählt sie. »Als wir sie gesehen haben, wussten wir sofort, das ist es.«

Inzwischen ist das ehemalige Försterhaus der Walkemühle als Wohnhaus saniert. Von ihrem Schreibtisch aus blickt sie auf die Oelse, die munter an der Mühle vorbeisprudelt. Nicht nur ein Ruheplatz ist die Mühle, sie bringt auch auf andere Gedanken. »In der Coronazeit habe ich hier einen Roman geschrieben«, sagt Heintze. »Er handelt von der Suche nach einem Grundstück, der Uckermark aber auch der Sanierung eines alten Hauses.« Der Titel des Romans lautet »Die Uckermark ist ausverkauft«. Natürlich sind der Ort der Handlung und die handelnden Personen fiktional. Wer vor Kurzem erst heimisch geworden ist auf dem Land, setzt das nicht gleich wieder aufs Spiel.

Birgit von Heintze ist heimisch geworden und nicht nur das. Inzwischen sitzt sie auch im Vorstand des Vereins »Landleben Oelse«. Der Bauwagen in Oelsen, in dem wir uns treffen, ist eine Art temporäres Vereinsheim. Jeden Mittwoch trifft sich dort der harte Kern, um über Vereinsangelegenheiten zu sprechen, zu plaudern, ein Bierchen zu trinken oder einen Piccolo.

»Wir haben den Verein zum 650. Geburtstag von Oelsen gegründet«, sagt Marco Schwadke, nachdem er uns begrüßt hat. Eng ist es im Bauwagen, aber auch gemütlich warm. Draußen hat es den ganzen Tag geschneit. Schwadke ist Ur-Oelsener, Mitglied der Freiwilligen Feuerwehr, er sitzt in der Stadtverordnetenversammlung von Friedland, zu dem das Dorf gehört, dem der Bach den Namen verliehen hat. Seine Brötchen verdient Schwadke als Teamleiter des Forschungs-Qualitätszentrums beim Stahlwerk in Eisenhüttenstadt. Der Verein ist ihm, das merken wir schnell, eine Herzenssache. »Das Wir-Gefühl ist wichtig in den Dörfern«, sagt er. 50 Mitglieder hat das »Landleben Oelsetal«, darauf ist Schwadke stolz.

Und warum nicht Landleben Oelsen? Warum Landleben Oelsetal? Wegen der Oelse, sagt Schwadke. »Wir wollten einen Namen, der die Region einbezieht. Die Oelse hält die Region zusammen.«

Zur Region gehören für Schwadke auch Zugezogene wie Birgit von Heintze und wir. Und natürlich neue Ideen. Nicht nur über die Reizthemen Wolf und Biber sprechen wir an diesem Abend im warmen Bauwagen in Oelsen, sondern auch über Nadine Peinelt und ihre solidarische Landwirtschaft, über regionale Produkte, über erneuerbare Energien. Zwischen Oelsen und Groß Briesen, sagt Schwadke, entsteht ein Solarpark. Die Vereinsmenschen im Bauwagen erwarten sich davon ein wenig Unterstützung, mittelfristig soll eine Kulturscheune im Dorf entstehen. »Der Verpächter des Bodens hat zugesagt, uns zu helfen«, sagt Schwadke. Offenbar will Oelsen andere Wege gehen als »Unterleuten«. Über erneuerbare Energien lässt sich mit Schwadke reden. »Die jungen Leute hier wollen wahrscheinlich lieber ein Windrad als einen Tagebau«, sagt er.

Der Mittwoch ist für Birgit von Heintze Dorftag. Unter Leute gehen, denn das Leben in einer Mühle mitten im Wald ist einsam. Dennoch wäre sie gerne öfter in der Walkemühle. Das Pendeln zwischen Berlin-Prenzlauer Berg und der Oelse ist anstrengend. »Doch das Internet ist nicht verlässlich«, sagt sie. »Als Einzellieger haben wir da schlechte Karten.« Die Abgeschiedenheit aber genießt sie, dreht lange Runden mit ihrem Hund, kennt inzwischen Stock und Stein. »Wunderschön ist es hier«, schwärmt sie. Es klingt, als wäre die Uckermark schon lange kein Thema mehr.

Bin ich an der Walkemühle und in Oelsen dem Geheimnis meines Bachs nähergekommen? Hält er, wie die Fils in meinem früheren Leben, die Region tatsächlich zusammen? Im Bauwagen meine ich, einen Anhaltspunkt gefunden zu haben. Zusammenhalt, das hat nichts mit einer homogenen Gemeinschaft zu tun, sondern mit Austausch, manchmal auch mit

Streit. Fair muss der aber sein, wichtig ist es, die Meinung des anderen auszuhalten. Aber es gibt auch etwas, das verbindet. Es ist die Verbundenheit mit dem Dorf, mit der Region, mit ihrer Geschichte, auch mit ihrer Schönheit. Auf die kann man stolz sein, zurecht.

Nach dem Abend im Bauwagen in Oelsen frage ich mich, ob der Zusammenhalt mit dem Netz zu tun hat, das über die Region geworfen wurde. Dass es einen vielleicht davor bewahrt, zu fallen. Je enger die Maschen, desto weniger fallen durch. Manchmal hat das Netz Knoten, das sind die Orte, an denen sich die Menschen treffen, im Dorfladen, in der Kirche, bei der Feuerwehr, in der Kneipe, beim Osterfeuer, auch in einem Bauwagen. Natürlich gibt es auch die, die an diesem Netz ziehen, dann drohen die Maschen zu reißen. Manchmal wird es auch von außen bedroht. Zum Beispiel durch Zuzug. Aber warum sollten die Neuen nicht auch neue Maschen bilden, das Netz erweitern, vielleicht wird es dadurch sogar strapazierfähiger?

Nicht nur das Zusammenleben in den Dörfern der Region gleicht einem Netz, spüre ich inzwischen, sondern auch die Landschaft. Es sind die Wege und Pfade, die Straßen und Brücken, die sie durchziehen. Manche von ihnen sind breit, damit auch ein Harvester durchkommt, auf anderen muss man Äste und Zweige beiseiteschieben, um weiterzukommen. Hätte ich auf all den Touren entlang der Oelse zwischen Grunow und Groß Muckrow einen Faden dabeigehabt, wäre auch daraus inzwischen ein Gewebe entstanden. An den Torfstichen oder am Oelsener See zum Beispiel wäre das Gewebe sehr dicht, andernorts, am Krügersee, Rähdensee oder Möschensee, eher dünner. Den Faden zwischen Groß Muckrow und Chossewitz habe ich erst vor kurzem gespannt. So atemberaubend schön ist der Weg durch die Senken und Höhen dort, dass ich dorthin bald schon zurückkehren werde.

Nur am unteren Lauf der Oelse habe ich keinen Faden hinterlassen. Ihr Ende kann ich nicht, wie damals die Fils, in Gänze erkunden. Hinter der Bundesstraße 246 zwischen Grunow und Schneeberg ist die Oelse nur noch ein Graben. Teilt sich mal hier mal dort, weiß selbst nicht, wohin mit sich. Selbst ihren Namen hat sie vergessen, nennt sich mal Oelse, mal Oegelner Fließ, als schäme sie sich für das Grabendasein.

Sollte ich tatsächlich mal eine Flaschenpost nach Berlin schicken und mich wundern, wenn sie nicht ankommt, könnte ich nicht einmal schauen, ob sie an dieser Stelle stecken geblieben ist. Einen Weg gibt es hier nicht, nicht einmal einen Trampelpfad. Kein Ruf der Oelse ist hier zu hören, nicht einmal ein Hilferuf. Oder ist das auch schon wieder geheimnisvoll?

RUNDER GEBURTSTAG

Berlin-Pankow, Grunow, Müllrose

Vielleicht blickt man selten so bewusst zurück auf sich selbst und seine Geschichte wie vor runden Geburtstagen. Den mit der Fünf vor der Null habe ich vor zehn Jahren im Kavalierhaus in Berlin-Pankow gefeiert. Für den Rückblick sorgten die Menschen, die meine fünf Dekaden jeweils am nächsten miterlebt und begleitet haben: meine Mutter, mein Bruder, meine beste Freundin, mein damaliger Chef, meine Frau. Es war eine Zeitreise in Wort und Bild, während der ich manchmal lachen, oft aber auch schlucken musste. Ein großes Hin und Her wurde mir da ins Gedächtnis gerufen, kein Großes und Ganzes und erst recht kein roter Faden. Hinterher war ich glücklich. Biografien mit ihren großen und kleinen Linien entstehen erst im Nachhinein. Ich war dagegen noch mittendrin.

Wollte ich meinen sechzigsten Geburtstag ähnlich feiern, müsste ein weiterer Zehnjahresschritt dazukommen. Wovon sollte er erzählen? Ohnehin müsste ich die Dekade teilen in eine Zeit davor und danach. Vor und nach dem Beginn meines Doppellebens in Berlin und in Brandenburg, vor und nach Grunow und dem Oelse- und Schlaubetal, es müsste die Rede sein von all dem, was sich seitdem für mich verändert hat. Denn die wirkliche Zäsur der jüngsten Zeit habe ich an keinem runden Geburtstag, sondern mit 55 erlebt. Ich zog als überzeugter Städter aufs Land und entpuppte mich in vielen Dingen als Landei. Was war da geschehen?

Oder hat sich vielleicht gar nicht so viel verändert? Okay, in der Redaktion meiner Zeitung bin ich inzwischen mehr für Brandenburg zuständig als für Berlin. Aber fühle ich mich deshalb mehr dem Land verbunden als der Stadt? Eher als Brandenburger denn als Berliner? Fragen wie diese hat mir noch keiner gestellt, und wenn, dann würde ich erst einmal antworten, dass das Oder-Fragen seien, und Oder-Fragen seien im wesentlichen Stadtfragen. Auf dem Land dagegen gibt es das eine selten ohne das andere.

Hätte ich mehr Zeit zum Antworten, würde ich vielleicht auf die *Somewheres* zu sprechen kommen, jene Menschen, die eher einem Ort verbunden sind und von dort aus auf die Welt und das Morgen schauen. Natürlich müsste dann auch von den *Anywheres* die Rede sein, deren Heimat die Ortlosigkeit ist, heute hier, morgen dort, und übermorgen, wer weiß das schon. Es hat sich ja eingebürgert, den Stadt-Land-Gegensatz, der so viel zu erzählen scheint vom Auseinanderfallen der Gesellschaft, um diesen Gegensatz von Ort und Ortlosigkeit zu erweitern. Die Stadt ist in dieser Erzählung das fluide, weil auswechselbare Zuhause der *Anywheres*, während die *Somewheres* im ländlichen Raum an ihrer Scholle kleben.

Selbst kann ich diesen Befund nur bedingt bestätigen. Eher geht es mir so, dass ich auf dem Land mobiler geworden bin als in der Stadt, neue Netzwerke knüpfe, die mir neue Einblicke und Horizonte eröffnen. Und auch eine neue Tiefe, auch wenn ich weiß, dass das mit der Stadt und der Oberflächlichkeit ein Klischee ist. In der Stadt dagegen bin ich etwas faul geworden. Mein Radius wird an manchen Tagen enger, fast so eng wie der der vermeintlichen *Somewheres* auf dem Land. Vielleicht bin ich damit ein Beispiel nicht für These und Antithese, nicht für Global oder Lokal, sondern für die Synthese der *Glokalisten*, die, so sagt es zumindest der Zukunftsforscher Matthias Horx, »die beide Elemente auf einer neuen Integrationsstufe in sich vereinigen, Heimat und offener Horizont. Progression und Bewahrung«.

Dennoch bin ich mir inzwischen sicher: Meinen Sechzigsten kann ich nicht in Berlin feiern, ich muss es in Brandenburg tun. Aber wo feiert man einen sechzigsten Geburtstag auf dem Land? Wer wird sich von Berlin auf den Weg machen? Wer wird aus dem Morgenland kommen?

Stadt und Land zusammenbringen, einmal schon hat das geklappt. Es war am 31. Oktober 2021. Mit der Stiftung Zukunft Berlin hatte ich zu einer Dorfkirchenlesung in Grunow eingeladen. Seit 2013 veranstaltet die Stiftung, die vom ehemaligen Kultursenator Volker Hassemer gegründet wurde, diese Lesungen, sie sollen Berliner und Brandenburger ins Gespräch bringen. Normalerweise lesen Künstlerinnen und Künstler in der Kirche aus den Werken bekannter Autorinnen und Autoren. In diesem Fall sollte ich selbst aus meinem eigenen Werk lesen.

»Siehdichum« in Grunow. Mächtig aufgeregt war ich, als ich um 13.21 Uhr die Berliner Gäste am Bahnhof begrüßte. Richtig voll war der Zug, fast wie beim alljährlichen *Mit dir*-Festival in der Klingemühle, nur dass die Haare der Herrschaften nicht bunt waren, sondern bei manchen schon verdächtig grau. Als ich ein paar Worte zur stillgelegten Strecke von Grunow nach Cottbus verlor, meldete sich ein Mann mit grauem Zopf zu Wort. Er arbeitete bis zur Stilllegung der Strecke im Stellwerk.

Vor der Kirche warteten schon die Grunowerinnen und Grunower. Anneliese Richter von der Kirchengemeinde führte durch die Fachwerkkirche, erzählte von ihrer Geschichte, vor allem der hölzerne Taufengel gefiel den Berlinerinnen und Berlinern, wie oft habe ich in diesem Moment gehört: »Wie bei Barlach.«

Ja, ich fühlte Stolz in diesem Moment. Stolz, weil die Kirche und der Taufengel auch den Gästen aus Berlin gefiel, und auch stolz, weil der Organist Eckkart Krüger gekommen war, der die Geschichte der Grunower Orgel kennt wie kein anderer. Auch Pfarrer Frank Städler aus Beeskow war da und natürlich unser Amtsdirektor Mario Quast, mit dessen Frau ich ein paar Jahre zuvor ein Buch über die deutsch-polnische Grenze der Zwischenkriegszeit herausgegeben habe.

Es war ein wunderbarer Tag, vielleicht der schönste in den vier Jahren, die wir bis dahin in Grunow gelebt haben. Ich habe natürlich aus dem Kapitel gelesen, in dem Johannes Brisch erzählt, wie er mit den Kollegen der LPG Pflanzenproduktion Grunow zur Oelse gefahren ist, um dort Torf abzubaggern. Erst das Gespräch bei ihm und seiner Frau Brigitte hatte mir den Mut gegeben, mich der brandenburgischen Landschaft rund um Siehdichum in Buchform anzunähern. Das Kapitel zu lesen war in diesem Moment auch ein Abschied, denn Johannes Brisch war im Frühjahr zuvor verstorben.

War ich angekommen? Bin ich angekommen? Darüber mache ich mir vor allem auf meinen Abendrunden Gedanken, seitdem ich entschieden habe, meinen nächsten runden Geburtstag in Brandenburg zu feiern. Mehr aber noch hat sich inzwischen eine andere Frage in mein Denken geschlichen. Was bleibt, nach allem Zurückschauen, an Neugier auf die Zukunft?

Was bleibt an Zukunft? Auch an meiner persönlichen? Wieviel Zeit braucht Zukunft, will sie nicht bloß Restlaufzeit sein? Beim Schreiben am »Morgenland Brandenburg« habe ich manchmal ein paar Erinnerungen in meine Kladde notiert. Welche Zukunftsvorstellungen hatte ich in welchem Alter? Noch gut erinnere ich mich an eine Zeichnung, mit der wir als Grundschüler aufs Blatt bringen sollten, was wir uns vom Jahr 2000 erwarten. Meine Zeichnung war voller Flugrucksäcke, wie bei Robbi, Tobbi und das Fliewatüüt. Damals, Ende der sechziger und Anfang der siebziger Jahre, gab es noch den unerschütterlichen Glauben an den technischen Fortschritt, also an Technik und Fortschritt. Heute ist dieser Glaube verblasst, auch wenn im Berliner Futurium die Fliewatüüts als Flugtaxis wieder auftauchen.

Doch nicht immer war die Zukunft ein Versprechen. Für mich, der ich als Kind dem Tod von der Schippe gesprungen war, war sie immer auch etwas, dem ich nicht traute. Statt an die Zukunft hielt ich mich lieber an den nächsten Tag, die nächste Deadline, das nächste Buchprojekt.

Einmal habe ich notiert, dass ich in Berlin als Redakteur für Stadtentwicklung dreißig Jahre lang mitverfolgen konnte, wie sich der Glaube an die Moderne nach und nach pulverisierte und von der Sehnsucht nach dem Vergangenen abgelöst wurde, als ob es helfe, sich festzuklammern an dem, was man kennt. Was für ein Kontrast zum Berlin der »goldenen« zwanziger Jahre, in dem so viele Zöpfe abgeschnitten wurden. Heute kommen diese Zöpfe wieder, überall in der Stadt kann man sie sehen.

Was also soll ich erzählen, wenn mich einer an meinem kommenden runden Geburtstag nach der Zukunft fragt? Welches Kapitel aus dem »Morgenland« werde ich, so es gewünscht ist, lesen, während wir von Grunow über die Demnitz und die Schlaube nach Müllrose wandern? Was wird morgen und übermorgen sein im Morgenland? Werde ich vom Naheliegenden erzählen, von der Trockenheit, die auch dem Demnitztal zu schaffen macht, diesem nach Schlaube, Oelse und Dorche vierten Bachtal zwischen Spree und Oder? Oder soll ich etwas ausholen, und von meiner Hoffnung berichten, dass in der Lausitz auch die Frage im Raum steht, ob sich nur Städte selbst neu erfinden können oder auch ländliche Räume?

Nach vorne blicken, das heißt für mich auch, die Zukunft zu beschreiben, die nicht nur abstrakt ist, sondern die ich mir bildlich ausmalen kann, die, die in meiner Vorstellungswelt angelegt ist, weil sie einen Bezug zur Vergangenheit, also meiner Erfahrungswelt, hat. Denn das, was uns erwartet, lässt sich im Gegenteil zu dem, was uns vorangegangen ist, nicht recherchieren.

Inzwischen denke ich, dass es zwei Vorstellungen von Zukunft gibt. In den Gesprächen, die ich mit den Menschen in der Region geführt habe, ging es meistens um die nahe Zukunft, um das, was in den nächsten Monaten sein wird, im nächsten Jahr, in den nächsten fünf Jahren. Es geht also um das Morgen oder das Übermorgen. Um eine Zukunft, die aus der Gegenwart erwächst. Da gehen wir der Zukunft entgegen. Über diese Zukunft schreibe ich in diesem Buch.

Zum Beispiel beim Tesla-Wald in Grunow. In fünf Jahren wird sich entscheiden, ob dort, wo Axel Behmann mit Deutschlands größter Pflanzmaschine Buchen, Traubeneichen und Ahorn gepflanzt hat, eine neue Waldkultur entstanden ist. Dann wird der Wald von der Forstbehörde abgenommen werden. Ein überschaubarer Zeitraum, auch wenn er nicht ohne Risiken ist.

Die andere Zukunft ist die, von der wir keine Vorstellung haben. Die, die uns manchmal sprachlos macht und zunehmend auch hilflos, weil sie von den Kipppunkten abhängig ist, die alles verändern können und das Zeug dazu haben, uns den Boden unter den Füßen wegzuziehen. Wie wird der Wald in dieser fernen Zukunft aussehen?

Über diese Zukunft schreiben andere. Nick Reimer und Toralf Staud zum Beispiel. In ihrem Buch *Deutschland 2050* prophezeien sie, dass wir vor einem neuen Waldsterben stehen. Nicht nur den Fichten und Kiefern setzen Hitzestress und Schädlinge zu, sondern zunehmend auch Buchen und Eichen. Im Hainich in Thüringen zum Beispiel, Deutschlands größtem zusammenhängenden Buchenwald, sind bereits viele Baumkronen licht. Über den Wurzeln dagegen treiben die Buchen in einer Art Panikreaktion Blattbüschel aus. Reimer und Staud zitieren Manfred Großmann, den Leiter des Nationalparks Hainich: »Wenn Bäume schreien könnten, hätten wir hier einen ohrenbetäubenden Lärm.«

Was heißt das für die ferne Zukunft? Großmann erwartet »schwachwüchsige Bestände, wie man sie aus dem Mittelmeerraum kennt«. Macchia also statt Wald? Auch Großmanns Kollege Hans-Werner Schröck von der Forschungsanstalt für Waldökologie in Rheinland-Pfalz blickt pessimistisch auf das Jahr 2050: »Landschaftsbilder werden sich radikal verändern.«

Dabei ist auch 2050 noch ein überschaubarer Zeitraum. Was aber wird im Jahr 2100 sein? Welche Bäume werden dann noch wachsen hierzulande, welche im Osten Brandenburgs? Auch das will Axel Behmann herausfinden, in dem er mit »Zukunftsbäumen« experimentiert. Hitzebeständig sollen sie sein, aber auch Fröste vertragen können, der Baum von morgen als eierlegende Wollmilchsau. Reimer und Staud sind da skeptisch und zitieren Henrik Hartmann vom Max-Planck-Institut für Biogeochemie in Jena: »Es ist völlig unklar, welche Baumart es in 50 Jahren hier noch aushält, wenn es so weitergeht.«

Die Zukunft, der wir entgegengehen, können wir uns noch vorstellen, für die, die uns entgegenkommt, haben wir keine Bilder. Dennoch glaube ich, dass der Zeithorizont, in dem wir die Landschaft sehen und lesen können, auf dem Land weiter reicht als in der Stadt. In der Stadt wird die Gegenwart zelebriert, auf dem Land gibt es noch die Verbindung zwischen Geschichte und Gegenwart und damit auch dem Morgen. »Resonanz« nennt das der Soziologe Hartmut Rosa. »Eine Sache, die ich an mir während der Pandemie beobachtet habe: zu gucken, was trägt in so einer Zeit noch als Resonanzachse? Bei mir war es eher die Natur als die Kunst und Musik. Rausgehen. Das war es. Im Wald, auf Bergen oder am Meer. Das hat existentialistische Züge.«

Mit einem Bein im Gestern stehen, mit dem anderen im Morgen: Rosa spricht damit die ganz persönlichen Fragen an, die zu den universellen dazukommen. Wie viel Zeit bleibt uns? Wie soll ich sie nutzen? Was habe ich davon, nach vorne zu schauen, wenn ich es mir auch mit meinen Erinnerungen gemütlich machen kann? Was will ich überhaupt noch wissen? Rosa sagt dazu: »Das Hauptmerkmal der Gegenwart ist ontologische Unsicherheit oder Verunsicherung und die erreicht existenzielle Formen. Über diese umgebenden Realitäten musstest du früher nicht nachdenken. Es war ontologisch sicher, dass nach der Sonne der Schnee kommt.«

Der Kinderglaube an die Zukunft funktioniert nicht mehr. Nicht einmal bei den Kindern und Jugendlichen selbst. Einen Kindergeburtstag werde ich nicht mehr feiern können, so sehr ich es mir vielleicht wünschte. Ich werde kein *Aaaah* und *Ooooh* hören, wenn wir durch unwegsames Gelände Richtung

Forsthaus Siehdichum stiefeln, oder ein *Wow!*, wenn wir dann am Müllroser See ankommen und das Wetter mitspielt, damit wir vor dem Buffet ins Wasser springen können.

Es funktioniert aber auch das bockige sich Hineinträumen in die vermeintlich heile Welt der Vergangenheit nicht mehr. Das Gestern, das liebgewonnene Abendland, kommt nicht wieder. Ob wir es wollen oder nicht, müssen wir also das Morgen betreten, es bestellen mit dem, was wir haben, uns an die Bilder gewöhnen, die es hervorbringt, uns einlassen auf das Neue. Wir müssen zu Pionieren werden, weil die Brücken hinter uns zu reißen drohen.

Auf meinen Erkundungen zwischen Spree und Oder habe ich viele dieser Pioniere getroffen, Wagemutige, die den Mumm haben, sich der Mutlosigkeit entgegenzusetzen, die, die nicht zurückwollen, sondern nach vorne, auch wenn dieses Vorne kein Versprechen mehr ist wie in meiner Zeit, sondern eine Zumutung. Es ist kein Optimismus, eher eine Anpassungsleistung, wenn Marco Schwadke aus Oelsen sagt, die Kinder würden wohl eher Windräder sehen wollen als Tagebaue.

Wird die Zukunft auf dem Land gemacht? Mir ist diese Frage zu groß. Aber Zukunftsmacher gibt es inzwischen viele zwischen Oder und Spree. Manche sind tatsächlich Pioniere, sie erobern wie die Pioniergehölze Landschaften, die wüst fallen. Andere sind Macherinnen und Macher, wieder andere Überzeugungstäter. Und alle kennen sie. Man kennt sich. Man spricht miteinander, auch wenn es manchmal laut wird. Es ist diese Reibung, aus der auf dem Land ein Dialog entsteht, womöglich sogar ein wärmendes Feuer.

Wo nur wenige leben, kann man sich auf Dauer keine Parallelwelten leisten.

Vielleicht ist die Zukunft auf dem Land tatsächlich, wie ich es über das Oelsetal geschrieben habe, ein Netz. Ein Netz, das einen davor bewahrt, tief zu fallen, ein Netz, das zusammenhält, auch wenn manche an ihm zu zerren versuchen, ein Netz, das man auch wieder flicken kann, wenn es an der ein oder anderen Stelle mal reißt.

Ein Netz auch, das Mensch und Landschaft verbindet. Meine ganz persönliche und wohl auch unabwendbare Zukunft ist ein Baum, auch wenn ich hoffe, dass sich diese Zukunft noch gehörig Zeit lässt. Der Baum ist eine junge Eiche. Sie steht im Ruheforst Siehdichum mit Blick auf den Kleinen Schinkensee und schenkt mir Gelassenheit. Es ist die Vorstellung, dass ich mit meiner Asche einmal einen Baum düngen, mich in die Natur betten und mit ihr wachsen kann. Wohin? Wer weiß?

Was ich bald wusste, nachdem mein Entschluss feststand, zum runden Geburtstag auf das Land einzuladen: Meine Feier wird eine Wanderung. Dem Morgen entgegenzugehen, heißt, nicht stehen zu bleiben, immer in Bewegung sein, natürlich kann ich in dieser Bewegung auch mal zurückschauen, aber wenn ich nicht stolpern will, muss ich den Blick nach vorne richten.

Ob sich dann, anders als beim Fünfzigsten, ein roter Faden zeigt? Ich weiß es nicht. Vielleicht will ich es auch nicht wissen. Eigentlich ist es doch ganz gut, wenn manche Linien noch offen sind nach allen Seiten. Nicht immer einen Anfang haben müssen und auch ein offenes Ende haben dürfen.

LITERATUR

Barz, Christiane / De Bruyn, Wolfgang / Lund, Hannah Lotte (Hg.): Schreibwelten. Zwischen märkischer Kulturgeschichte und deutscher Gegenwart. Berlin 2021

Becker, Peter: Spreewaldbahnen. Cottbus 2021

De Bruyn, Günter: Abseits. Liebeserklärung an eine Landschaft. Frankfurt am Main 2006

De Bruyn, Günter: Vierzig Jahre. Ein Lebensbericht. Frankfurt am Main 1998

De Bruyn, Günter: Märkische Forschungen. Frankfurt am Main 1981

Felsberg, Stephan / Köhler, Tim / Rada, Uwe (Hg.): Eine unmögliche Universität. 30 Prüfungen, die die Europa-Universität Viadrina bestehen musste. Berlin 2022

Förderverein Burg Beeskow: Kursbuch Oder-Spree 2023: Vom Abreißen und Aufbauen

Förderverein Burg Beeskow: Kursbuch Oder-Spree 2022: Vom Essen und Trinken.

Förderverein Burg Beeskow: Kursbuch Oder-Spree 2021: Vom Haben und Brauen

Förderverein Burg Beeskow: Kursbuch Oder-Spree 2020: Von Land und Leuten

Gansleweit, Klaus-Dieter: Eisenhüttenstadt und seine Umgebung. Berlin 1986

Hänschen, Gudrun: Geschichte spüren. Vom Ölsetal zum Schwielochsee. Müllrose 2013

Haufe, Heinz: Entdeckungsreisen in Australien. Ludwig Leichhardt. Ein deutsches Forscherschicksal. Berlin 1973

Hölscher, Lucian: Die Entdeckung der Zukunft. Göttingen 2016

Jordan, Lothar (Hg.): Geschichte und Landschaft. Beiträge zu Günter de Bruyn. Würzburg 2009

Kursbuch Oder-Spree 2021: Vom Haben und Brauchen

Rada, Uwe: Die Oder. Lebenslauf eines Flusses. München 2009

Rada, Uwe: Siehdichum. Annäherungen an eine brandenburgische Landschaft. Berlin 2020

Reimer, Nick / Staud, Toralf: Deutschland 2050. Wie der Klimawandel unser Leben verändern wird. Köln 2021

Staemmler, Johannes: Wir machen das schon. Lausitz im Wandel. Berlin 2021

Strittmatter, Eva / Strittmatter, Erwin: Die Mark, in: Landschaft aus Wasser, Wacholder und Stein. © Aufbau Verlage GmbH & Co. KG, Berlin 2005, 2008

Thoreau, Henry David: Walden oder Leben in den Wäldern. München 1999

Veihelmann, Tina: Aurith. Urad. Zwei Dörfer an der Oder. Potsdam 2009

Zeh, Juli: Unterleuten. München 2016

ORTSREGISTER

DANK

Mein erster Dank gilt all den Grunowerinnen und Grunowern, die mich und Inka Schwand so offenherzig aufgenommen haben. Ein ganz besonderer Tag war die Dorfkirchenlesung am 31. Oktober 2021. Möglich gemacht haben sie Anneliese Richter, Katharina Staar, Marina Sobolewski, Frank Städler und all die anderen, die an diesem Ereignis mitgewirkt haben. Dazu gehört auch die Stiftung Zukunft Berlin, namentlich Nina Lütjens und Volker Hassemer. Den Kuchen haben unter anderem Doris Sureck und Brigitte Brisch gebacken.

Viele Freundinnen und Freunde haben wir in den vergangenen Jahren gefunden, auch ihnen sei gedankt, vor allem Merle Hilbk und Tina Veihelmann. Danke an dieser Stelle auch an das Team der Burg Beeskow und die Möglichkeit, meinen Teil zum Gelingen des »kursbuches oder-spree« beizutragen. Ohne die Anregungen von Stephanie Lubasch hätte ich Thomas Müller und Pater Kilian wohl nicht kennengelernt. Und ohne Jörg Möller nicht die Kulturenthusiasten auf dem Campingplatz in Müllrose.

Für seine Zugewandtheit nicht nur als Amtsdirektor im Schlaubetal möchte ich Mario Quast danken. Eine schöne Überraschung für uns hatte Julian Veelken parat. Danke an Constanze Mikeska und ihren Einsatz für das Schlaubetal und an die Familie Viadrina, mit der ich immer wieder neue Bande knüpfen kann. Das gilt insbesondere für Susanne Orth, Dagmara Jajeśniak-Quast und Magdalena Abraham-Diefenbach und Mateusz Hartwich.

Ein Ereignis im Jahr ist jeden September der Sensenkurs des Naturparks Schlaubetal und seines Fördervereins. Hier habe ich viel gelernt von den Brüdern Troppens aus Bremsdorf, aber auch von Mike Dittrich und Ranger Nico. Mit der Lausitz wiederum haben mich Heidi Pinkepank, Ulrike Kremeier und Johannes Staemmler vertrauter gemacht.

Für die intensiven Gespräche und Anregungen in all den Jahren bin ich Stephan Felsberg dankbar. Darius Müller lädt mich immer wieder nach Trebnitz ein. Danke, dass ich diesen vielleicht am meisten zukunftsweisenden Ort in ganz Ostbrandenburg eine so lange Zeit begleiten durfte. Für die Unterstützung in der taz danke ich meinen Kolleginnen und Kollegen und insbesondere Uta Schleiermacher, Anna Klöpper und Bert Schulz.

Immer wieder ist mir bei der Arbeit an »Morgenland Bandenburg« deutlich geworden, wie sehr sich mein Blick auf den Osten Brandenburgs im Lauf der Jahrzehnte geändert hat. Zu den ersten, mit denen ich (real und im Geiste) unterwegs war, gehören Michael und Uta Kurzwelly, Wolfgang Kil, Stephan Lanz und Jesko Fezer, Kenneth Anders, Lars Fischer, Ulf Matthiesen und Rolf Kuhn. Ohne Brigitte Faber-Schmidt und die Zeit bei Kulturland Brandenburg wäre ich womöglich Berliner geblieben. Und ohne die verstorbene Ruth Henning wäre mir vielleicht die deutsch-polnische Grenzregion verschlossen geblieben.

Mein ganz besonderer Dank aber gilt all den Protagonisten und Protagonistinnen, die mir Rede und Antwort gestanden haben. Ohne die Gespräche mit ihnen würde ich vieles heute nicht sehen und verstehen. Alles Gute Ihnen und Euch für die Zukunft.

AUTOR UND FOTOGRAFIN

© Inka Schwand

Uwe Rada, geboren 1963, ist Redakteur der Tageszeitung taz und Buchautor. Für seine publizistische Arbeit erhielt er mehrere Stipendien und Preise, u. a. von der Robert-Bosch-Stiftung und dem Goethe-Institut. Er veröffentlichte zahlreiche Bücher zur Geschichte und Gegenwart Osteuropas, Berlins und Brandenburgs, zuletzt »Siehdichum – Annäherungen an eine brandenburgische Landschaft«. Uwe Rada lebt in Berlin und Grunow.

© Uwe Rada

Inka Schwand, geboren 1964 in Cottbus. ist Landschaftsplanerin und seit vielen Jahren in der Naturschutzplanung in Brandenburg tätig. Seit 2018 leitet sie den Naturpark Schlaubetal. Als Fotografin arbeitete sie an verschiedenen Büchern mit, zuletzt zusammen mit ihrem Mann Uwe Rada an »Siehdichum«. Auch sie lebt in Berlin und Grunow.